2015

会计手工账技能训练题库（上）

主 编 王赤兵
参 编 尹 红 黄兵兵

西安电子科技大学出版社

内 容 简 介

本书专为高职院校会计专业学生提高手工做账技能而编写。全书分为上、下两册，每册含训练题18套，内容包括填制与审核原始凭证、编制与审核记账凭证、设置与登记会计账簿、编制科目汇总表与试算平衡表、编制银行余额调节表、编制会计报表、编制纳税申报表以及整理与装订会计档案，涵盖了工业制造企业的典型会计业务。

书中所有训练题均模拟工业制造企业的真实业务进行编写，所使用的会计凭证也以真实凭证为样本进行设计，但所有单据和凭证皆为虚构。同时为了帮助学生熟悉和了解专业技能抽考的要求，本书还节选了《湖南省高等职业院校会计专业技能抽查标准》中的手工账模块，且所有训练题均参考抽考题库的题型与命题风格进行设计和编写。

本书可供各大专院校会计专业学生作为教材使用，也可供从事相关工作的人员参考使用。

图书在版编目(CIP)数据

会计手工账技能训练题库. 上/王赤兵主编. —西安：西安电了科技大学出版社，2015.8

ISBN 978-7-5606-3822-5

Ⅰ. ① 会…　Ⅱ. ① 王…　Ⅲ. ① 会计方法—资格考试—习题集　Ⅳ. ① F231.4-44

中国版本图书馆 CIP 数据核字(2015)第 206342 号

策　　划　杨丕勇

责任编辑　杨丕勇　孙雅菲

出版发行　西安电子科技大学出版社(西安市太白南路 2 号)

电　　话　(029)88242885　88201467　　邮　　编　710071

网　　址　www.xduph.com　　电子邮箱　xdupfxb001@163.com

经　　销　新华书店

印刷单位　陕西华沐印刷科技有限责任公司

版　　次　2015 年 8 月第 1 版　　2015 年 8 月第 1 次印刷

开　　本　787 毫米×1092 毫米　1/16　印　张　14

字　　数　342 千字

印　　数　1～3000 册

定　　价　28.00 元

ISBN 978-7-5606-3822-5/F

XDUP 4114001-1

前　言

近年来，随着计算机技术的日益普及，企事业单位的会计核算正朝着电算化的方向快速发展，可以说，用电脑取代人工是会计核算工作的发展方向。但尽管如此，我们仍然不能否定会计手工做账的基础作用。因为就目前的技术而言，电脑既不能识别在经济业务中所广泛使用的形形色色的原始凭证与单据，也无法根据原始凭证与单据来甄别经济业务的性质与类型，进而确定核算需要使用的会计科目以及记账的方向与金额。也就是说，即使是电算会计，作为核算基础工作的会计分录基本上仍需要由人手工输入。因此手工账既是电算会计的基础与前提，也是会计从业人员必须熟练掌握的基本专业技能。对于高职院校会计专业的学生而言，由于已经具备了一定的计算机运用基础和能力，因此学习掌握一两种常用的会计核算软件的操作并非难事，但切实掌握和能够运用作为电算会计基础的手工做账技能更加重要。正是基于这一认识，湖南省高等职业院校学生专业技能抽查中，将手工账列为会计专业学生的必考模块。

任何技能都不能仅仅通过书本学习或者课堂讲授而得到，只有通过反复大量的实际操作与训练才能逐渐形成和熟练掌握。因此，为了加强高等职业院校会计专业学生的专业技能训练，使之熟练掌握和运用会计手工做账的方法与技巧，同时也为了提高学生参加技能抽查的达标率，我们根据《湖南省高等职业院校会计专业技能抽查标准》，参照会计手工账模块抽查题库的命题风格与方法，编写了这本《会计手工账技能训练题库》。全书分上、下两册，各含训练题 18 套，可供高等职业院校会计专业师生在日常或强化实训教学中使用。

题库中的某些会计单据在练习时需要裁剪下来，供练习者练习装订会计凭证，所以这些需要裁剪的单据必须单面印刷。敬请读者注意。

本书训练题中所涉及的经济业务，与经济业务相关的各种凭证和单据，均采用高仿真模拟的手法进行编写，力求贴近实际。书中每套训练题都经过严格校改，但限于编者的学识水平，难免存在不足与疏漏之处，恳请并欢迎广大使用者批评指正。

湖南软件职业学院会计教研室全体教师也参与了本书的校改工作，在此表示诚挚的感谢！

编者

2015 年 5 月

目　录

湖南省高等职业院校会计专业技能抽查标准

(手工账模块节选)

一、适用专业

本标准适用于湖南省高等职业院校所开设的财务会计类专业(6202)，包括财务管理(620201)、财务信息管理(620202)、会计(620203)、会计电算化(620204)、会计与统计核算(620205)、会计与审计(620206)、审计实务(620207)、统计实务(620208)等专业。

二、抽查对象

高等职业院校三年一期全日制在校学生。

三、抽查目的

测试学生利用财会资料和财会工具，按照行业通用的规范和要求，进行会计手工操作的技能；同时对其在实际操作过程中所表现出来的职业素养进行综合评价。

四、抽查方式

由湖南省教育厅相关部门主持抽考，由组考机构组织被测学生从试题库中随机抽取试题进行测试；测试采用闭卷方式，时间为 60 分钟，被测学生应在规定的时间内独立完成测试。

五、引用的技术标准或规范

(1) 《中华人民共和国会计法》(1999 修订)。

(2) 财政部颁布的《企业会计准则》及其《应用指南》(2006)。

(3) 财政部颁布的《会计基础工作规范》(1996)、《会计电算化管理办法》(1994)等有关会计核算法律法规。

(4) 《中华人民共和国增值税暂行条例》、《中华人民共和国营业税暂行条例》、《中华人民共和国企业所得税法》、《中华人民共和国个人所得税法》、《中华人民共和国城市维护建设税暂行条例》等有关税收法律法规最新修订版。

六、抽查内容、要求与评分标准

会计手工操作技能模块的测试分为职业素养和专业技能两个方面。

(一) 职业素养测试内容、要求与评分标准

(1) 职业素养考核主要测试学生是否具备从事会计核算工作的基本素质，即认真、细

致、客观、整洁、谨慎、耐心等优良品质。

(2) 职业素养测试的得分在手工模块测试评分中所占的比重为 10%，具体评分标准如表 1 所示。

表 1　职业素养测试评分标准

评价内容	评 价 标 准	分值	备　注
职业素养(10 分)	能事前做好准备工作，能保持会计核算资料的卷面整洁，能按要求整理装订会计核算资料	5	工作场地脏、乱、差，严重违反考场纪律，造成恶劣影响的记 0 分
	任务完成后，能整齐摆放操作工具与用具，保持工作台面整洁；及时清扫废弃物	5	

(二) 专业技能测试内容、要求与评分标准

(1) 手工模块的专业技能测试由原始凭证的审核与填制、记账凭证的审核与填制、科目汇总表与试算平衡表的编制、会计账簿的设置与登记、财产清查的会计处理、会计报表的编制、纳税申报表的编制、会计档案的整理与装订等 8 个典型的工作项目组成。

(2) 每套试题的测试项目一般为 2～5 个，由出卷老师根据需要自由组合。各工作项目的考核内容、要求与评分标准如表 2、表 3 所示。

表 2　专业技能测试的内容与要求

序号	项目名称	测 试 内 容	测 试 要 求
1	原始凭证的审核与填制	支票、银行进账单、现金解款单、增值税专用发票或普通发票、收款收据、借支单、收料单、领料单、成本费用分配计算表、产品成本计算单、产品入库单等原始凭证的审核与填制	能根据原始凭证甄别经济业务并审核其正确性与完整性；能正确规范地填制所要求的原始凭证
2	记账凭证的审核与填制	编制下列各类经济业务的记账凭证：货币资金收付、应收应付款项的发生与结算、存货的收发与期末计价、固定资产的增减与折旧、无形资产的增减与摊销、各类税费的计提与缴纳、负债资金的筹措、利息计提与本息归还、自有资金的筹措、利润分配、成本计算、财产清查、取得收入和发生费用	根据所给出的经济业务，正确、规范填制 15 张左右记账凭证，并就其正确性和完整性进行审核；规范粘贴每张记账凭证所附的所有原始凭证
3	科目汇总表与试算平衡表的编制	编制科目汇总表和试算平衡表	能根据所提供的记录企业经济业务的记账凭证，正确、规范地编制科目汇总表和试算平衡表
4	会计账簿的设置与登记	日记账，总分类账，数量金额式、三栏式和多栏式明细分类账，应交增值税和生产成本明细账的设置与登记	能正确规范地设置并登记所要求的会计账簿，正确、规范地更正错账，准确、规范地结转有关会计账簿
5	财产清查的会计处理	库存现金的清查处理；银行存款日记账与银行对账单的核对；银行存款余额调节表的编制；往来款项的核对处理；存货的清查处理；固定资产的清查处理	能正确、规范地填制各种反映财产清查结果的表单，并能正确进行会计处理

续表

序号	项目名称	测 试 内 容	测 试 要 求
6	会计报表的编制	编制资产负债表、利润表、现金流量表和所有者权益变动表	能按要求正确、规范地编制会计报表
7	纳税申报表的编制	编制增值税（含一般和小规模纳税人）、营业税、企业所得税、个人所得税、城市维护建设税、教育费附加等纳税申报表	能正确、规范地编制所要求的纳税申报表
8	会计档案的整理与装订	装订会计凭证，填写会计凭证封面，整理保管会计账簿、会计报表和未装订单据与资料	正确、规范地装订会计凭证，并填写会计凭证封面；规范整理和妥善保管未装订单据

表3　各项目参考评分标准

序号	项目名称	评 价 标 准	参 考 分 值	备　注
1	原始凭证的审核与填制	基本要素填写齐全，数据准确，无涂改现象	每张原始凭证的分值为10分左右	数据未填、填错或涂改，该原始凭证记 0 分；其他项目未填、填错或涂改按比例扣分，直至扣完本张凭证的规定分值
2	记账凭证的审核与填制	要素填写齐全，会计科目和金额准确，无涂改现象	每笔业务的分值为 7 分左右	
3	科目汇总表与试算平衡表的编制	要素填写齐全，无漏填科目，金额准确，无涂改现象	每张科目汇总表或试算平衡表的分值为30分左右	少填会计科目或金额填错按比例扣分，直至扣完规定分值
4	会计账簿的设置与登记	账簿设置齐全，登记规范，结账正确，无随意涂改	每个账簿10分左右	少填或错填按比例扣分（余额错误不重复扣分），直至扣完规定分值
5	财产清查的会计处理	财产清查方法规范，结果准确；对清查结果的会计处理正确规范	每项财产清查的会计处理15分左右	会计处理错误视情况适当扣分，直至扣完该项分值
6	会计报表的编制	会计报表的基本要素填写齐全，金额准确，无涂改现象	资产负债表35分左右，现金流量表25分左右，所有者权益变动表 15 分左右，利润表10分左右	缺少或填错项目按比例扣分（金额为 0 的项目可不填，但合计数为 0 的项目除外），直至扣完规定分值
7	纳税申报表的编制	基本要素填写齐全，金额准确，无涂改现象	增值税 35 分，所得税 25 分，营业税 15 分，城市维护建设税和教育费附加各10分左右	
8	会计档案的整理与装订	会计凭证装订整齐，封面项目填写完整；不需装订的单据、报表、账簿按规定顺序整理齐全	30分左右	装订不整齐、松散，封面项目缺少或填错，未妥善保管不需要装订的会计资料等，均按比例扣分，直至扣完本项目规定分值

注：各项目实际分值由出题老师根据内容和难易程度赋分。

训练题1

一、训练项目与任务

(一) 根据本期发生的经济业务填制并审核会计凭证

(1) 根据所给经济业务完善或填写原始凭证。

(2) 以制单员身份根据所给经济业务的原始凭证或原始凭证汇总表填制记账凭证并签章。其中，“原材料”、“其他应收款”、“应交税费”、“应收账款”、“库存商品”和“生产成本”要求写出明细科目。

（二） 整理装订会计档案

(1) 以制单员身份整理装订会计凭证并填写会计凭证封面，装订日期为 2013 年 2 月 2 日。

(2) 将未装订单据与记账凭证、账簿等一起装入档案袋中。

二、训练资料

(一) 企业基本情况及相关核算制度

企业名称(行业)	湘潭启东工程机械厂(制造业)
主要业务和产品类型	生产、销售 W-1 型和 W-2 型挖机
单位地址、联系电话	湖南省湘潭市建设南路 25 号，0731-55642083
法人代表	周建安
开户行及账号	中国工商银行湘潭市建设路支行 43011119870405687499
纳税人识别号	430324754768265
适用税率	增值税率 17%
账务处理程序	记账凭证账务处理程序
存货核算方法	按实际成本核算，发出存货采用全月一次加权平均法计价
主要会计岗位及人员	主 管：王 丽　　审 核：刘 杰　　出 纳：李 红　　制 单：赵 刚
备 注	计算过程中保留两位小数

（二）2012 年 12 月 31 日账户余额

总账账户	明细账户	数 量	单价/元	借方余额/元	贷方余额/元
库存现金				1 600.00	
银行存款				849 000.00	
应收账款					20 000.00
	衡阳先锋工程公司			80 000.00	
	长沙洞井建筑公司				100 000.00
原材料				352 000.00	
	φ8 圆钢	30 000 千克	7.2	216 000.00	
	5mm 扁钢	20 000 千克	6.8	136 000.00	
生产成本				720 000.00	
	W-1 型挖机			440 000.00	
	W-2 型挖机			280 000.00	
库存商品				1 110 000.00	
	W-1 型挖机	20 台	30 000	600 000.00	
	W-2 型挖机	10 台	51 000	510 000.00	
固定资产				2 320 000.00	
累计折旧					520 000.00
在建工程				750 000.00	
应交税费					95 400.00
	未交增值税				95 400.00
应付职工薪酬					360 000.00
实收资本					5 000 000.00
盈余公积					38 000.00
利润分配					69 200.00
合计				6 102 600.00	6 102 600.00

（三）2013 年 1 月所发生经济业务的原始凭证

1-1

中国工商银行
现金支票存根

支票号码：DH 20142328

附加信息：

出票日期：2013 年 1 月 2 日

收款人：启东工程机械厂	
金 额：¥ 5000.00	
用 途：备用金	
备 注：	

单位主管：　会计：

2-1

中国工商银行
现金支票存根

支票号码：DH 20142329

附加信息：

出票日期：2013 年 1 月 3 日

收款人：张和平	
金 额：¥ 4000.00	
用 途：差旅费	
备 注：	

单位主管：　会计：

2-2

借 支 单

2013 年 1 月 3 日

工作部门	销售部	职 务	经 理	姓 名	张和平
借支金额	人民币肆仟元整(¥4000.00)				
借款事由	去上海参加订货会		附 证 件	会议通知	
归还日期	会议结束归还				
核 批	同意借支 4000 元整　周建安				

会计：　出纳：李红　借款人：张和平

3-1

收 料 单

2013 年 1 月 4 日　收字第 9 号

供应者：湘潭金属材料公司			发票号：				2013 年 1 月 5 日收到									
编号	材料名称	规格	送验数量	实收数量	单位	单价(元)	金额									
							千	百	十	万	千	百	十	元	角	分
	圆 钢	φ8	20000	20000	千克	7.50			1	5	0	0	0	0	0	0
	扁 钢	5mm	15000	15000	千克	7.00			1	0	5	0	0	0	0	0
	合 计							¥	2	5	5	0	0	0	0	0
备 注：					验收人签章		周光明									

会计：　复核：刘杰　记账：赵刚　制单：吴红光

3-2

中国工商银行
转账支票存根
VI II 01414508
附加信息：

签发日期：2013 年 1 月 4 日

收款人：湘潭市金属材料公司	
金 额：¥ *298 350.00*	
用 途：购材料	
备 注：	

单位主管：　会计：

3-3

湖南省增值税专用发票

抵 扣 联

湖南

全国统一发票监制章 国家税务总局监制

43000452021　　No 00035641

2013 年 1 月 4 日

购货单位	名　称：湘潭启东工程机械厂 纳税人识别号：430324754768265 地址、电话：湘潭市建设南路25号 0731-55642083 开户行及账号：工商银行建设路支行 43011198704056874 99	密码区	2489—1 < 9—7—61596284 8 < 032/52 > 9/29533—49741626 < 8—3024 > 82906—2—47—6 < 7 > 2 *—/ > * > 6		加密版本 01 43000452021 00035641	
货物或应税劳务名称	计量单位	数量	单价	金　额	税率	税　额
φ8 圆钢 5mm 扁钢	千克 千克	*20000* *15000*	*7.50* *7.00*	*150000.00* *105000.00*	*17%*	*25500.00* *17850.00*
合计	—			*255000.00*	*17%*	*43350.00*
价税合计（大写）	贰拾玖万捌仟叁佰伍拾元整　（小写）¥*298350.00*					
销货单位	名　称：湘潭市金属材料公司 纳税人识别号：431654258963246 地址：电话：0731-55489756 开户行及账号：工行湘潭市分行 895476213458952568 5	备注	湘潭市金属材料公司 431654258963246 发票专用章			

收款：刘山　　复核：　　开票：陈浩　　销货单位：（章）

第二联：抵扣联 购货单位抵扣凭证

3-4

湖南省增值税专用发票

发票联

（全国统一发票监制章 湖南 国家税务总局监制）

43000452021　　　　　　　　　　　　　　　　　　　　　　　　No 00035641

2013年1月4日

购货单位	名　　称：湘潭启东工程机械厂 纳税人识别号：430324754768265 地址、电话：湘潭市建设南路25号　0731-55642083 开户行及账号：工商银行建设路支行　4301119870405687499	密码区	2489—1＜9—7—61596284 8＜032/52＞9/29533—49741626＜8—3024＞ 82906—2—47—6＜7＞2 *—/＞*＞6
			加密版本 01 43000452021 00035641

货物或应税劳务名称	计量单位	数量	单价	金　额	税率	税　额
φ8 圆钢	千克	*20000*	*7.50*	*150000.00*	*17%*	*25500.00*
5mm 扁钢	千克	*15000*	*7.00*	*105000.00*		*17850.00*
合计	—			*255000.00*	*17%*	*43350.00*
价税合计（大写）	贰拾玖万捌仟叁佰伍拾元整			（小写）￥*298350.00*		

销货单位	名　　称：湘潭市金属材料公司 纳税人识别号：431654258963246 地址：电话：0731-55489756 开户行及账号：工行湘潭市分行　8954762134589525685	备注	（湘潭市金属材料公司 431654258963246 发票专用章）

收款：刘山　　复核：　　开票：陈浩　　销货单位：（章）

第三联：发票联　购货单位记账凭证

4-1

湘潭市服务业、娱乐业税控专业发票

发票联

（全国统一发票监制章 湖南省 地方税务局监制）

发票代码：24300870965

发票号码：21504533

机打号码：21504132

机器编号：003010021888

收款单位：湘潭市康星百货公司

（现金付讫）

税款单号：430103616603707

开票日期：2014-01-05　收款员：用户 20

付款单位：湘潭启东工程机械厂

项　目	单价	数量	金额
办公用品	500.00	1	500.00

小写合计：￥500.00

大写合计：伍佰元整

税控码：7551 7780 3304 4694 4074

（湘潭市康星百货公司 发票专用章）（税控收款机用户 发票专用章）

同意列作管理费用报销

周建安 2013．1．5

经手人：邹慧

5-1

公司产品销售单

2013 年 1 月 8 日　　　　No.000676

购货单位	名称	长沙市洞井建筑公司		纳税登记号	420146300260453	⑤财务部门
	地址 电话	湖南省长沙市芙蓉南路 15 号 0731-82136894		开户银行及账号	建行长沙市分行 4202240368974125678	
货物或劳务名称	规格型号	计量单位	数量	单价	金额	
挖机	W-1	台	5	65 000.00	325 000.00	
合计					325 000.00	
销售人员	易海泉		销售主管		刘尚彬	

5-2

委托收款凭证(回单)

委托日期：2013 年 1 月 8 日　　　　第 4 号

收款人	全称	湘潭启东工程机械厂	付款人	全称	长沙洞井建筑公司
	账号	4301119870405687499		账号	4202240368974125678
	开户银行	中国工商银行建设路路支行		开户银行	建行长沙市分行
委托金额	人民币(大写)：贰拾捌万零贰佰伍拾元整			千 百 十 万 千 百 十 元 角 分	¥ 2 8 0 2 5 0 0 0
款项内容	货款	委托收款凭据名称	发票、合同	附寄单证张数	2
备注：		款项收妥日期：年 月 日		收款人开户行盖章 月 日	

单位主管：　　出纳：　　复核：　　记账：

5-3

湖南省增值税专用发票

记 账 联

45000482020　　　　No 00018652

2013 年 1 月 8 日

全国统一发票监制章 湖南 国家税务总局监制

购货单位	名称	长沙市洞井建筑公司	密码区	2489—1 < 9—7— 615962848 < 032/52 > 9/2953349741626 < 8—302482906—2	加密版本 01 43000452021 00035641	
	纳税人识别号	4202240368974125678				
	地址、电话	长沙市芙蓉南路 15 号 0731-82136894				
	开户行及账号	建行长沙市分行 4202240368974125678				
货物或应税劳务名称	计量单位	数量	单价	金额	税率	税额
W-1 型挖机	台	5	65000.00	325000.00	17%	55250.00
合计	—			325000.00	17%	55250.00
价税合计(大写)	叁拾捌万零贰佰伍拾元整			(小写)¥ 380250.00		
销货单位	名称：湘潭启东工程机械厂 纳税人识别号：4301119870405687499 地址：电话：0731-55642083 开户行及账号：工行湘潭建设路支行 4301119870405687499		备注	湘潭启东工程机械厂 4301119870405687499 发票专用章		

第四联 记账联 销货单位记账凭证

收款：　　复核：　　开票：陈静　　销货单位(章)

6-1

中国工商银行信汇凭证（收账通知）

委托日期 2013 年 1 月 9 日　　　　第 42 号

收款人	全　称	湘潭启东工程机械厂			汇款人	全　称	衡阳先锋工程公司											
	账　号	43011198704056874 99				账　号	140202080960000 1589											
	汇入地点	湘潭市	汇入行	工行建设路支行		汇出地点	衡阳市		汇出行		工行雁峰支行							
金额	人民币（大写）	捌万元整					亿	千	百	十	万	千	百	十	元	角	分	
										¥	8	0	0	0	0	0	0	
汇款用途：归还原欠货款						汇出行盖章　中国工商银行 衡阳雁峰支行 2013.01.09 转讫　2013 年 1 月 9 日												
上列款项已根据委托办理，如需查询，请持此回单来行面洽																		
单位主管：　会计：　复核：　出纳：																		

7-1

工资费用结算表

2013 年 1 月 10 日　　　　元

账号	姓名	应发工资	代扣代缴款项				税前工资	个税	税后工资
			养老保险	医疗保险	失业保险	住房公积金			
001	王　丽	5000	400	100	10	600	3890	11.7	3878.3
002	赵　刚	2600	208	50	5	312	2025	0	2025.0
003	刘　杰	4000	320	80	8	480	3112	0	3112.0
004	张和平	1500	120	30	3	180	1167	0	1167.0
	…	…	…	…	…	…	…	…	…
合计		100000	8000	2000	500	8000	81500	7325	74175.00

复核：刘杰　　　　制表：彭佩云

7-2

中国工商银行
转账支票存根
ⅥⅡ01514508

附加信息：

签发日期 2013 年 1 月 10 日

收款人：	本单位工资结算户
金　额：	74175.00
用　途：	发放工资

单位主管：　　会计：

8-1

中华人民共和国
税收通用缴款书

№：0000056321

经济类型：**私营有限**　　2013年1月12日　　收入机关：**长沙市雨花国税局**

缴款单位(人)	代　　码	430108963548278	预算科目	款	
	全　　称	**湘潭启东工程机械厂**		项	
	开户银行	**中国工商银行湘潭建设路支行**		级次	
	账　　号	430119870405687499	收款国库	**人行湘潭市分行国库**	
税款所属时期：2012年12月1日至2012年12月31日			税款限缴日期：2013年1月15日		

品目名称	课税数量	计税金额或销售收入	税率或单位税额	已缴或扣除额	实缴税额 千	百	拾	万	千	百	拾	元	角	分
增值税		760000.00	17%	33800.00				9	5	4	0	0	0	0
金额合计	(大写)**玖万伍仟肆佰元整**							9	5	4	0	0	0	0

上列款项已收妥并划转收款单位账户

国库(银行)盖章 2013年1月12日

9-1

土建工程验收单

2013年1月18日

工程名称	办公楼扩建工程	建 设 单 位	本 厂
施工单位	湘潭县响水工程队	设计单位	省建筑设计院
建筑面积	250平方米	底层面积	50平方米
预算造价	700000元	决算造价	750 000元
每平米造价	3000元	结 构	框 架
层数	[illegible]	使用部门	厂 部
完工日期	2013年1月5日	交付使用日期	2014年1月18日
验收单位负责人：(签字) 黄伟	施工单位负责人：(签字) 李建设	使用单位负责人：(签字) 高兆	备 注

10-1

发料凭证汇总表

2013年1月31日　　　　元

领料部门或用途	Φ8 圆钢			5 mm 扁钢			合计金额
	数 量	单 价	金 额	数 量	单 价	金 额	
生产W-1型挖机	20000千克			15000千克			
生产W-2型挖机	15000千克			10000千克			
车间一般耗用	200千克			—	—	—	
厂部管理部门	—	—	—	100千克			
合　计							

复核：刘杰　　　　制单：赵刚

11-1

工资与福利费计算分配表

2013 年 1 月 31 日　　元

部门与人员		工资总额	应提福利费(14%)	合　计
生产车间	W-1 型挖机生产工人	50000.00		
	W-2 型挖机生产工人	35000.00		
	车间管理人员	5000.00		
企业管理人员		10000.00		
合　计		100000.00		

主管：　会计：　复核：　记账：　制单：赵刚

12-1

固定资产折旧计算表

2013 年 1 月 31 日　　元

使用部门	固定资产类别	月初固定资产原值	年折旧率	月折旧额
基本生产车间	房屋、建筑物	1 500 000	3.6 %	
	生产设备	200 000	8.4 %	
	小　计	1 700 000	—	
厂部管理部门	房屋、建筑物	400 000	3.6 %	
	运输工具	200 000	6.0 %	
	办公设备	20 000	12.0 %	
	小　计	620 000	—	
合　计		2 320 000	—	

制单：赵　刚

13-1

制造费用分配表

2014 年 1 月 31 日

产品品种	分配标准(生产工时)	分配率	分配金额
W-1 型挖机	25000		
W-2 型挖机	15000		
合　计	40000	—	

复核：刘杰　制单：赵刚

14-1

产品销售成本计算表

2013 年 1 月 31 日　　元

产品名称	计量单位	销售数量	单位成本	金 额
合 计				

制表人：赵 刚

15-1 结转损益类账户

三、评价标准

评价项目	分值	评价内容与要求	评分标准
职业道德素养	10	保持工作环境整洁，会计书写规范，资料完整装袋	不整洁扣 3 分；书写不规范一处扣 1 分
审核与填制会计凭证	75	要素项目填写完整；科目、方向、金额正确无误；无涂改现象；记账凭证与所付原 始凭证匹配；所有相关责任人必须签章	每张记账凭证 5 分；记账凭证与原始凭证不匹配、记账凭证会计科目填写错误或金额涂改，该笔业务记 0 分；其他项目每缺少或填错一项扣 1 分，直至扣完该笔分值。原始凭证中的数据未填写或填写错误每个扣 2 分
整理装订会计档案	15	会计凭证装订整齐，封面项目填写完整；装订好的记账凭证和未作为附件的原始凭证完整装入档案袋	会计凭证装订 5 分；未装订凭证扣 5 分；装订不整齐、松散或装订不完整扣 2 分；封面项目填写 5 分；封面项目未填写扣 5 分；填写不完整或填写错误每项扣 1 分，扣完为止；增值税专用发票抵扣联未单独拿出并与记账凭证一起装袋的扣 3 分
小计	100		

四、训练所需主要材料

通用记账凭证 16 张，原始凭证粘贴单 16 张，记账凭证封面、封底各 1 张，档案袋 1 个；胶水、裁纸刀、铁夹、大头针、计算器、装订机等。

训练题 2

一、训练项目与任务

(一) 设置并登记会计账簿

(1) 根据所给账户的期初资料及所给经济业务的记账凭证，设置并登记："银行存款"日记账、"应收账款—长沙洞井建筑公司"、"应交税费—应交增值税"、"原材料—Φ8圆钢"、"生产成本—W-1 挖机"和"制造费用—基本生产车间"明细账。其中，"银行存款"日记账和"生产成本—W-1 挖机"明细账要求进行月末结账。

(2) 根据所给的期初余额资料及编制好的科目汇总表，开设并登记"应交税费"和"库存商品"总分类账，进行期末结账。

(二) 编制科目汇总表

以制单员赵刚的身份，根据湘潭启东工程机械厂 2013 年 1 月所发生经济业务的记账凭证，编制该月经济业务的科目汇总表(全月一次汇总)。

(三) 整理会计档案资料

将编制完成的科目汇总表和登记完毕的账簿等一并装入档案袋中。

二、训练资料

(一) 2012 年 12 月 31 日有关账户余额

元

总账账户	明细账户	数 量	单 价	借 方 余 额	贷 方 余 额
银行存款				849 000.00	
应收账款					20 000.00
	衡阳先锋工程公司			80 000.00	
	长沙洞井建筑公司				100 000.00
原材料				352 000.00	
	φ8 圆钢	30000 千克	7.2	216 000.00	
	5mm 扁钢	20000 千克	6.8	136 000.00	
生产成本				720 000.00	
库存商品				1 110 000.00	
	W-1 型挖机	20 台	30 000	600 000.00	
	W-2 型挖机	10 台	51 000	510 000.00	
应交税费					95 400.00
	未交增值税				95 400.00

（二）“生产成本”明细账余额

元

产品品种	成本项目			成本总额
	直接材料	直接人工	制造费用	
W-1 型挖机	240 000	120 000	80 000	440 000
W-2 型挖机	130 000	100 000	50 000	280 000
合　计	370 000	220 000	130 000	720 000

（三）2013 年 1 月所发生经济业务的记账凭证

记 账 凭 证

__字第1号　　2013 年 1 月 2 日　　附件 1 张

摘　要	会计科目		借方金额（千百十万千百十元角分）	贷方金额（千百十万千百十元角分）	√
	总账科目	明细科目			
提现备用	库存现金		500000		
	银行存款			500000	
合　计　金　额			¥500000	¥500000	

会计主管：王丽　　出纳：张红　　审核：刘杰　　制单：赵刚

记 账 凭 证

__字第2号　　2013 年 1 月 3 日　　附件 1 张

摘　要	会计科目		借方金额（千百十万千百十元角分）	贷方金额（千百十万千百十元角分）	√
	总账科目	明细科目			
张和平借	其他应收款	张和平	400000		
差旅费	银行存款			400000	
合　计　金　额			¥400000	¥400000	

会计主管：王丽　　出纳：张红　　审核：刘杰　　制单：赵刚

记 账 凭 证

__字第3号　　2013 年 1 月 4 日　　附件 3 张

摘　要	会计科目		借方金额（千百十万千百十元角分）	贷方金额（千百十万千百十元角分）	√
	总账科目	明细科目			
购原材料	原材料	φ8 圆钢	15000000		
		5mm 扁钢	10500000		
	应交税费	应交增值税(进项)	4335000		
	银行存款			29835000	
合　计　金　额			¥29835000	¥29835000	

会计主管：王丽　　出纳：张红　　审核：刘杰　　制单：赵刚

记 账 凭 证

__字第4号　　2013年1月5日　　附件1张

摘要	会计科目		借方金额										贷方金额										√
	总账科目	明细科目	千	百	十	万	千	百	十	元	角	分	千	百	十	万	千	百	十	元	角	分	
购办公用品	管理费用							5	0	0	0	0											
	库存现金																	5	0	0	0	0	
合计金额							¥	5	0	0	0	0					¥	5	0	0	0	0	

会计主管：王丽　　出纳：张红　　审核：刘杰　　制单：赵刚

记 账 凭 证

__字第5号　　2013年1月8日　　附件3张

摘要	会计科目		借方金额										贷方金额										√
	总账科目	明细科目	千	百	十	万	千	百	十	元	角	分	千	百	十	万	千	百	十	元	角	分	
销售产品	应收账款	洞井建筑公司			3	8	0	2	5	0	0	0											
	主营业务收入														3	2	5	0	0	0	0	0	
	应交税费	应交增值税(销项)														5	5	2	5	0	0	0	
合计金额				¥	3	8	0	2	5	0	0	0		¥	3	8	0	2	5	0	0	0	

会计主管：王丽　　出纳：张红　　审核：刘杰　　制单：赵刚

记 账 凭 证

__字第6号　　2013年1月9日　　附件1张

摘要	会计科目		借方金额										贷方金额										√
	总账科目	明细科目	千	百	十	万	千	百	十	元	角	分	千	百	十	万	千	百	十	元	角	分	
收回欠款	银行存款					8	0	0	0	0	0	0											
	应收账款	衡阳先锋公司														8	0	0	0	0	0	0	
合计金额					¥	8	0	0	0	0	0	0			¥	8	0	0	0	0	0	0	

会计主管：王丽　　出纳：张红　　审核：刘杰　　制单：赵刚

记 账 凭 证

__字第7号　　2013年1月10日　　附件2张

摘要	会计科目		借方金额										贷方金额										√
	总账科目	明细科目	千	百	十	万	千	百	十	元	角	分	千	百	十	万	千	百	十	元	角	分	
发工资	应付职工薪酬				1	0	0	0	0	0	0	0											
	其他应付款															1	8	5	0	0	0	0	
	应交税费	应交个人所得税															7	3	2	5	0	0	
	银行存款															7	4	1	7	5	0	0	
合计金额				¥	1	0	0	0	0	0	0	0		¥	1	0	0	0	0	0	0	0	

会计主管：王丽　　出纳：张红　　审核：刘杰　　制单：赵刚

记 账 凭 证

__字第8号　　2013年1月12日　　附件 1 张

摘要	会计科目		借方金额										贷方金额										√
	总账科目	明细科目	千	百	十	万	千	百	十	元	角	分	千	百	十	万	千	百	十	元	角	分	
缴纳税款	应交税费	未交增值税				9	5	4	0	0	0	0											
	银行存款															9	5	4	0	0	0	0	
合 计 金 额					¥	9	5	4	0	0	0	0			¥	9	5	4	0	0	0	0	

会计主管：王丽　　出纳：张红　　审核：刘杰　　制单：赵刚

记 账 凭 证

__字第9号　　2013年1月18日　　附件 1 张

摘要	会计科目		借方金额										贷方金额										√
	总账科目	明细科目	千	百	十	万	千	百	十	元	角	分	千	百	十	万	千	百	十	元	角	分	
办公楼扩建	固定资产				7	5	0	0	0	0	0	0											
工程验收	在建工程														7	5	0	0	0	0	0	0	
合 计 金 额				¥	7	5	0	0	0	0	0	0		¥	7	5	0	0	0	0	0	0	

会计主管：王丽　　出纳：张红　　审核：刘杰　　制单：赵刚

记 账 凭 证

__字第10号　　2013年1月31日　　附件 1 张

摘要	会计科目		借方金额										贷方金额										√
	总账科目	明细科目	千	百	十	万	千	百	十	元	角	分	千	百	十	万	千	百	十	元	角	分	
分配材料费	生产成本	W-1 挖机			2	4	9	7	5	0	0	0											
		W-2 挖机			1	7	8	7	0	0	0	0											
	制造费用	基本生产车间					1	4	6	4	0	0											
	管理费用							6	8	9	0	0											
	原材料	φ8 圆钢													2	5	7	6	6	4	0	0	
		5mm 扁钢													1	7	2	9	3	9	0	0	
合 计 金 额				¥	4	3	0	6	0	3	0	0		¥	4	3	0	6	0	3	0	0	

会计主管：王丽　　出纳：张红　　审核：刘杰　　制单：赵刚

记 账 凭 证

__字第11号　　2013年1月31日　　附件1张

摘要	会计科目		借方金额										贷方金额										√
	总账科目	明细科目	千	百	十	万	千	百	十	元	角	分	千	百	十	万	千	百	十	元	角	分	
分配工资	生产成本	W-1挖机				5	7	0	0	0	0	0											
与福利费		W-2挖机				3	9	9	0	0	0	0											
	制造费用	基本生产车间					5	7	0	0	0	0											
	管理费用					1	1	4	0	0	0	0											
	应付职工薪酬														1	1	4	0	0	0	0	0	
合计金额				¥	1	1	4	0	0	0	0	0		¥	1	1	4	0	0	0	0	0	

会计主管：王丽　　出纳：张红　　审核：刘杰　　制单：赵刚

记 账 凭 证

__字第12号　　2013年1月31日　　附件1张

摘要	会计科目		借方金额										贷方金额										√
	总账科目	明细科目	千	百	十	万	千	百	十	元	角	分	千	百	十	万	千	百	十	元	角	分	
计提折旧	制造费用	基本生产车间					5	9	0	0	0	0											
	管理费用						2	4	0	0	0	0											
	累计折旧																8	3	0	0	0	0	
合计金额						¥	8	3	0	0	0	0				¥	8	3	0	0	0	0	

会计主管：王丽　　出纳：张红　　审核：刘杰　　制单：赵刚

记 账 凭 证

__字第13号　　2013年1月31日　　附件1张

摘要	会计科目		借方金额										贷方金额										√
	总账科目	明细科目	千	百	十	万	千	百	十	元	角	分	千	百	十	万	千	百	十	元	角	分	
分配本月	生产成本	W-1挖机					8	1	6	5	0	0											
制造费用		W-2挖机					4	8	9	9	0	0											
	制造费用	基本生产车间														1	3	0	6	4	0	0	
合计金额					¥	1	3	0	6	4	0	0			¥	1	3	0	6	4	0	0	

会计主管：王丽　　出纳：张红　　审核：刘杰　　制单：赵刚

记 账 凭 证

__字第14号　　　2013年1月31日　　　附件1张

摘要	会计科目		借方金额	贷方金额	√
	总账科目	明细科目	千百十万千百十元角分	千百十万千百十元角分	
结转产品	主营业务成本		15000000		
销售成本	库存商品	W-1挖机		15000000	
合　计　金　额			¥15000000	¥15000000	

会计主管：王丽　　出纳：张红　　审核：刘杰　　制单：赵刚

记 账 凭 证

__字第15号　　　2013年1月31日　　　附件1张

摘要	会计科目		借方金额	贷方金额	√
	总账科目	明细科目	千百十万千百十元角分	千百十万千百十元角分	
结转损益	主营业务收入		32500000		
	本年利润			32500000	
合　计　金　额			¥32500000	¥32500000	

会计主管：王丽　　出纳：张红　　审核：刘杰　　制单：赵刚

记 账 凭 证

__字第16号　　　2013年1月31日　　　附件1张

摘要	会计科目		借方金额	贷方金额	√
	总账科目	明细科目	千百十万千百十元角分	千百十万千百十元角分	
结转损益	本年利润		16498900		
	主营业务成本			15000000	
	管理费用			1498900	
合　计　金　额			¥16498900	¥16498900	

会计主管：王丽　　出纳：张红　　审核：刘杰　　制单：赵刚

三、评价标准

评价项目	分值	评价内容与要求	评分标准
职业道德素养	10	保持工作环境整洁；会计书写规范；资料装袋完整	环境不整洁扣 2 分；书写不规范每处扣 1 分；资料每缺少一项扣 2 分
设置与登记账簿	55	账簿设置、登记、结账规范；金额正确；无随意涂改现象	账簿要素每缺少或填错一项扣 2 分，发生额和余额不重复扣分，随意涂改不得分
编制科目汇总表	35	要素项目填写与科目设置完整；金额正确；无涂改 现象	所有科目借、贷方发生额合计数不平衡扣 10 分，若平衡但金额不正确扣 5 分；各科目本 期借、贷方发生额合计数，每个错误扣 1 分；要 素项目填写不完整，每缺少一项扣 2 分
小计	100		

四、训练所需主要材料

银行日记账、三栏式、多栏式、数量金额式明细账、应交增值税明细账、生产成本明细账账页、科目汇总表各 1 张；档案袋 1 个；铁夹、大头针、计算器等。

训练题 3

一、训练项目与任务

（一）填制原始凭证

(1) 以出纳员身份填写“业务 1”所附的现金支票

(2) 填写“业务 2”所附的借款单，并代替所有相关责任人签章。

（二）编制会计报表

(1) 根据长沙黎托农机厂各总账账户期初余额和本期发生额，编制该企业 2014 年 1 月 31 日的资产负债表。

(2) 根据长沙黎托农机厂各总账账户本期发生额，编制该企业 2014 年 1 月份的利润表(不填上期金额)。

（三）编制银行存款余额调节表

根据长沙黎托农机厂的银行存款日记账与银行对账单，编制该企业 2014 年 1 月 31 日的银行存款余额调节表。

二、训练资料

（一）企业基本情况

企业名称(所属行业)	长沙黎托农机厂(制造企业)
主要业务和产品类型	生产、销售收割机和粉碎机
单位地址	湖南省长沙市黎托镇建湘路 25 号
联系电话	0731-85642083
开户行及账号	中国工商银行黎托分理处 4301119870405687499
纳税人识别号	430324754768265
法人代表	刘富贵
主要会计岗位及人员	会 计：张 灿　出纳员：刘小红　会计主管：郑 洁

（二）2013年12月31日各总账账户余额

总账科目	明细科目	借方余额	贷方余额
库存现金		600.00	
银行存款		850 000.00	
应收账款		1 412 000.00	
坏账准备			56 000.00
应收票据		300 000 .00	
其他应收款		200 000.00	
原材料		780 000.00	
生产成本		720 000.00	
库存商品		560 000.00	
固定资产		2 328 800.00	
累计折旧			400 000.00
在建工程		800 000.00	
应交税费	应交所得税		95 400.00
应付职工薪酬			600 000.00
实收资本			5 000 000.00
资本公积			1 000 000.00
盈余公积			300 000.00
利润分配			500 000.00
合 计		7 951 400.00	7 951 400.00

(三) 要求填制原始凭证的业务及所附空白原始凭证

(1) 2014年1月12日，从银行提取现金5000元备用。

中国工商银行
现金支票存根(湘)
VI II 01517209
附加信息：______
出票日期　年　月　日
收款人：
金　额：
用　途：
单位主管：　会计：

本支票付款期十天

中国工商银行 现金支票(湘)　VI II 01517209
出票日期：　年　月　日　付款行名称：
收 款 人：　出票人账号：
用途：
上列款项请从
我账户内支付
出票人签章
刘富贵印
财务专用章
科目(借)
对方科目(贷)
付讫日期　年　月　日
出纳　复核　记账

(2) 2014年1月20日，供应部采购员张强出差去武汉采购材料，预借差旅费3000元整，拟出差归来结算，经法人代表刘富贵审批同意，出纳员刘小红以现金支付。

借　款　单

年　月　日

工作部门		职　务		姓　名	
借支金额					
借款原因				附证件	
归还日期				现金付讫	
核　批	同意借支 刘富贵　2014.1.20				

会　计：　　　　　出　纳：　　　　　借款人：

（四）2014年1月经济业务所引起的会计账户发生额

本期账户发生额汇总表

2014年1月1日至31日　　　　元

总账科目	借方发生额	贷方发生额
库存现金	8000	560
银行存款	50 000	431 760
应收账款	351 000	50 000
其他应收款	2000	
原材料	208 000	89 400
库存商品		105 000
在建工程		800 000
固定资产	800 000	
累计折旧		8538
应付职工薪酬	83 000	136 800
应交税费	130 760	51 000
本年利润	165 698	300 000
生产成本	174 600	
制造费用	31 800	31 800
主营业务收入	300 000	300 000
主营业务成本	105 000	105 000
销售费用	1250	1250
管理费用	59 448	59 448
合　计	2 470 556	2 470 556

(五) 企业银行存款日记账、银行对账单与银行存款余额调节表

银行存款日记账

2014年		记账凭证		摘要	结算凭证		收入	支出	余额
月	日	字	号		种类	号数			
1	24			余额					250 000
	25	银付	228	付购料款	转支	045		200 000	50 000
	26	银付	229	付运费	转支	046		1000	49 000
	27	银收	108	收销货款	电汇		234 000		283 000
	30	银付	230	付购料款	电汇			90 000	193 000
	30	银付	231	付修理费	转支	047		2500	190 500
	31	银收	109	收销货款	转支	127	150 000		340 500

银行对账单

2014年		摘要	结算凭证		存入	支出	余额
月	日		种类	号数			
1	24	余额					250 000
	26	宏汇工厂	电汇		234 000		484 000
	28	二场	转支	046		1000	483 000
	28	丰立公司	转支	045		200 000	283 000
	28	电费	信汇			23 000	260 000
	28	中鞭公司	汇票	148	3200		263 200
	29	三环公司	信汇		60 000		323 200
	30	货款	电汇			90 000	233 200

银行存款余额调节表

单位名称：　　　　　　　　年　　月　　日　　　　　　　　元

项目	金额	项目	金额
企业银行日记账余额		银行对账单余额	
加：银行已收 企业未收款项 减：银行已付 企业未付款项		加：企业已收 银行未收款项 减：企业已付 银行未付款项	
调节后存款余额		调节后存款余额	

主管会计：　　　　　　　　制表：

三、评价标准

评价项目	分值	评价内容与要求	评 分 标 准
职业道德素养	10	保持工作环境整洁；会计书写规范；资料装袋完整	环境不整洁扣 2 分；书写不规范每处扣 1 分；资料每缺少一项扣 2 分，直至扣完规定分 值
审核与填制原始凭证	20	基本要素填写正确、完整；金额正确无误；无涂改现象；所有相关责任人必须签章	填制现金支票和借支单各 10 分，其中存根联 2 分，正本联 8 分；金额未填、填错或涂改扣 10 分，其他项目未填、填错或涂改每项扣 1 分，直至扣完规定分值
编制会计报表	55	要素填写正确、完整；各项目金额正确	资产负债表 45 分，利润表 10 分，每缺少或填错一项扣 1 分(金额为 0 的项目不填不扣分，但合计数为 0 的项目除外)
编制银行存款余额调节表	15	各项目填写正确、完整，无涂改现象	每填错一项扣 1 分，直至扣完本题分值
小计	100		

四、训练所需主要材料

资产负债表和利润表各 1 张，档案袋 1 个，铁夹、大头针、计算器等。

训练题 4

一、训练项目与任务

（一）开设并登记会计账簿

根据湘潭红光五金制品厂 2014 年 1 月各有关账户期初余额资料及当月所发生经济业务的记账凭证，开设并登记以下会计账簿。

(1) “银行存款”日记账(月末要求做月结)。

(2) “制造费用”明细账(月末要求做月结)。

(3) “应付职工薪酬—工资”明细账。

(4) “原材料—2#不锈钢”明细账。

(二) 编制科目汇总表

以制单员身份根据该企业 2014 年 1 月份所发生经济业务的记账凭证，编制科目汇总表(全月一次汇总)。

(三) 编制会计报表

以制单员身份编制该企业 2014 年 1 月份利润表(只填本期金额)。

(四) 清理工作场所、整理会计档案

将工作场所清理整洁，并将填制完成的所有账表按一定顺序清理整齐后，完整装入档案袋中。

二、练习资料

(一) 企业基本情况

企业名称	湘潭红光五金制品厂
法人代表	马光华
财务人员	主 管：李美玲　审 核：王 斌　会计(制单)：邹 慧　出 纳：杨 青
核算制度	原材料按实际成本核算，发出材料采用移动加权平均法计价

（二）2013 年 12 月 31 日各有关账户余额

总账科目	明细科目	计量单位	数 量	单 价	借方余额	贷方金额
库存现金					5000.00	
银行存款					184 670.00	
原材料					41 650.00	
	2#不锈钢	千克	3250	6.50	21 125.00	
	1#铝合金	千克	5000	4.10	20 500.00	
库存商品					224 700.00	
固定资产					650 025.00	
累计折旧						80 000.00
应付职工薪酬						28 025.00
	工 资					6400.00
	福利费					11 620.00
其他应付款	住房公积金					21 625.00
实收资本						1 000 000.00
合 计					1 147 670.00	1 147 670.00

（三）2014 年 1 月份发生经济业务的记账凭证

记 账 凭 证

__字 第1号　　　　2014 年 1 月 7 日　　　　附件 1 张

摘 要	会计科目		借方金额										贷方金额										√
	总账科目	明细科目	千	百	十	万	千	百	十	元	角	分	千	百	十	万	千	百	十	元	角	分	
购办公用品	管理费用							5	4	0	0	0											
	库存现金																	5	4	0	0	0	
合 计 金 额							¥	5	4	0	0	0					¥	5	4	0	0	0	

会计主管：李美玲　　出纳：杨青　　审核：王斌　　制单：邹慧

记 账 凭 证

__字 第2号　　　　2014 年 1 月 9 日　　　　附件 1 张

摘 要	会计科目		借方金额										贷方金额										√
	总账科目	明细科目	千	百	十	万	千	百	十	元	角	分	千	百	十	万	千	百	十	元	角	分	
提现备用	库存现金						1	0	0	0	0	0											
	银行存款																1	0	0	0	0	0	
合 计 金 额						¥	1	0	0	0	0	0				¥	1	0	0	0	0	0	

会计主管：李美玲　　出纳：杨青　　审核：王斌　　制单：邹慧

记 账 凭 证

__字 第3号　　2014年1月13日　　附件1张

摘要	会计科目		借方金额										贷方金额										√
	总账科目	明细科目	千	百	十	万	千	百	十	元	角	分	千	百	十	万	千	百	十	元	角	分	
付职工住房	其他应付款	住房公积金				2	1	6	2	5	0	0											
公积金	管理费用	住房公积金				2	1	6	2	5	0	0											
	银行存款															4	3	2	5	0	0	0	
合 计 金 额					¥	4	3	2	5	0	0	0			¥	4	3	2	5	0	0	0	

会计主管：李美玲　　出纳：杨青　　审核：王斌　　制单：邹慧

记 账 凭 证

__字 第4号　　2014年1月17日　　附件1张

摘要	会计科目		借方金额										贷方金额										√
	总账科目	明细科目	千	百	十	万	千	百	十	元	角	分	千	百	十	万	千	百	十	元	角	分	
李政预借	其他应收款	李 政					3	0	0	0	0	0											
差旅费	库存现金																3	0	0	0	0	0	
合 计 金 额						¥	3	0	0	0	0	0				¥	3	0	0	0	0	0	

会计主管：李美玲　　出纳：杨青　　审核：王斌　　制单：邹慧

记 账 凭 证

__字 第5号　　2014年1月13日　　附件1张

摘要	会计科目		借方金额										贷方金额										√
	总账科目	明细科目	千	百	十	万	千	百	十	元	角	分	千	百	十	万	千	百	十	元	角	分	
购原材料	原材料	2# 不锈钢					7	0	0	0	0	0											
		1# 铝合金					2	7	0	0	0	0											
	应交税费	应交增值税(进项)					1	6	4	9	0	0											
	银行存款															1	1	3	4	9	0	0	
合 计 金 额					¥	1	1	3	4	9	0	0			¥	1	1	3	4	9	0	0	

会计主管：李美玲　　出纳：杨青　　审核：王斌　　制单：邹慧

附件：增值税发票列明：2# 不锈钢 1000 千克，单价 7.00 元；1# 铝合金 600 千克，单价 4.50 元。

记 账 凭 证

__字 第6号　　　　2014年1月20日　　　　附件 4 张

摘要	会计科目		借方金额										贷方金额										√
	总账科目	明细科目	千	百	十	万	千	百	十	元	角	分	千	百	十	万	千	百	十	元	角	分	
销售商品	应收账款	衡阳五金专卖店			2	2	5	8	1	0	0	0											
	主营业务收入														1	9	3	0	0	0	0	0	
	应交税费	应交增值税(销项)														3	2	8	1	0	0	0	
合 计 金 额				¥	2	2	5	8	1	0	0	0		¥	2	2	5	8	1	0	0	0	

会计主管：李美玲　　出纳：杨青　　审核：王斌　　制单：邹慧

记 账 凭 证

__字 第7号　　　　2014年1月28日　　　　附件 2 张

摘要	会计科目		借方金额										贷方金额										√
	总账科目	明细科目	千	百	十	万	千	百	十	元	角	分	千	百	十	万	千	百	十	元	角	分	
发放工资	应付职工薪酬	工 资				4	9	1	5	0	0	0											
	其他应付款															1	0	8	1	3	0	0	
	银行存款															3	8	3	3	7	0	0	
合 计 金 额					¥	4	9	1	5	0	0	0			¥	4	9	1	5	0	0	0	

会计主管：李美玲　　出纳：杨青　　审核：王斌　　制单：邹慧

记 账 凭 证

__字 第8号　　　　2014年1月31日　　　　附件 1 张

摘要	会计科目		借方金额										贷方金额										√
	总账科目	明细科目	千	百	十	万	千	百	十	元	角	分	千	百	十	万	千	百	十	元	角	分	
分配工资	生产成本					2	0	1	7	8	0	0											
与福利费	制造费用	工资与福利费					7	2	9	6	0	0											
	管理费用					1	6	8	7	2	0	0											
	销售费用					1	1	6	8	5	0	0											
	应付职工薪酬	工 资														4	9	1	5	0	0	0	
		福利费															6	8	8	1	0	0	
合 计 金 额					¥	5	6	0	3	1	0	0			¥	5	6	0	3	1	0	0	

会计主管：李美玲　　出纳：杨青　　审核：王斌　　制单：邹慧

记 账 凭 证

__字第9号　　　　2014年1月31日　　　　附件 1 张

摘要	总账科目	明细科目	借方金额	贷方金额	√
计提折旧	制造费用	折旧费	580000		
	管理费用		420000		
	销售费用		40000		
	累计折旧			1040000	
合计金额			¥1040000	¥1040000	

会计主管：李美玲　　出纳：杨青　　审核：王斌　　制单：邹慧

记 账 凭 证

__字第10号　　　　2014年1月31日　　　　附件 4 张

摘要	总账科目	明细科目	借方金额	贷方金额	√
支付水电费	制造费用	水电费	150000		
	管理费用		400000		
	销售费用		10000		
	应交税费	应交增值税(进项)	26000		
	银行存款			226000	
合计金额			¥226000	¥226000	

会计主管：李美玲　　出纳：杨青　　审核：王斌　　制单：邹慧

记 账 凭 证

__字第11号　　　　2014年1月31日　　　　附件 4 张

摘要	总账科目	明细科目	借方金额	贷方金额	√
分配材料费	生产成本		3031300		
	制造费用	物料消耗	643000		
	原材料	1#不锈钢		1993300	
				1681000	
合计金额			¥3674300	¥3674300	

会计主管：李美玲　　出纳：杨青　　审核：王斌　　制单：邹慧

附件：发料汇总表列明1#不锈钢发出3100千克，2#铝合金发出4100千克。

记 账 凭 证

__字第12号　　　　2014年1月31日　　　　附件 1 张

摘要	会计科目		借方金额										贷方金额										√
	总账科目	明细科目	千	百	十	万	千	百	十	元	角	分	千	百	十	万	千	百	十	元	角	分	
分配本月	生产成本					2	1	0	2	6	0	0											
制造费用	制造费用															2	1	0	2	6	0	0	
合计金额					¥	2	1	0	2	6	0	0			¥	2	1	0	2	6	0	0	

会计主管：李美玲　　出纳：杨青　　审核：王斌　　制单：邹慧

记 账 凭 证

__字第13号　　　　2014年1月31日　　　　附件 2 张

摘要	会计科目		借方金额										贷方金额										√
	总账科目	明细科目	千	百	十	万	千	百	十	元	角	分	千	百	十	万	千	百	十	元	角	分	
结转完工	库存商品					7	1	5	1	7	0	0											
产品成本	制造费用															7	1	5	1	7	0	0	
合计金额					¥	7	1	5	1	7	0	0			¥	7	1	5	1	7	0	0	

会计主管：李美玲　　出纳：杨青　　审核：王斌　　制单：邹慧

记 账 凭 证

__字第14号　　　　2014年1月31日　　　　附件 1 张

摘要	会计科目		借方金额										贷方金额										√
	总账科目	明细科目	千	百	十	万	千	百	十	元	角	分	千	百	十	万	千	百	十	元	角	分	
结转产品	主营业务成本				1	5	1	7	4	1	6	0											
销售成本	库存商品														1	5	1	7	4	1	6	0	
合计金额				¥	1	5	1	7	4	1	6	0		¥	1	5	1	7	4	1	6	0	

会计主管：李美玲　　出纳：杨青　　审核：王斌　　制单：邹慧

记 账 凭 证

__字第15号　　　　2014年1月31日　　　　附件__张

摘要	会计科目		借方金额										贷方金额										√
	总账科目	明细科目	千	百	十	万	千	百	十	元	角	分	千	百	十	万	千	百	十	元	角	分	
结转损益	主营业务收入				1	9	3	0	0	0	0	0											
	本年利润														1	9	3	0	0	0	0	0	
合 计 金 额				¥	1	9	3	0	0	0	0	0		¥	1	9	3	0	0	0	0	0	

会计主管：李美玲　　出纳：杨青　　审核：王斌　　制单：邹慧

记 账 凭 证

__字第16号　　　　2014年1月31日　　　　附件__张

摘要	会计科目		借方金额										贷方金额										√
	总账科目	明细科目	千	百	十	万	千	百	十	元	角	分	千	百	十	万	千	百	十	元	角	分	
结转损益	本年利润				1	8	5	9	3	8	6	0											
	主营业务成本														1	5	1	7	4	1	6	0	
	管理费用															1	2	1	8	5	0	0	
	销售费用															2	2	0	1	2	0	0	
合 计 金 额				¥	1	8	5	9	3	8	6	0		¥	1	8	5	9	3	8	6	0	

会计主管：李美玲　　出纳：杨青　　审核：王斌　　制单：邹慧

三、评价标准

评价项目	分值	考核内容与要求	评分标准
职业道德素养	10	保持工作环境整洁；会计书写规范；资料装袋完整	环境不整洁扣2分；书写不规范每处扣1分；资料每缺少一项扣2分，直至扣完规定分值
填制科目汇总表	40	要素填写与科目设置完整；金额正确；无涂改现象	所有科目借、贷方发生额合计数不平衡扣10分，若平衡但金额不正确扣5分；各科目本期借、贷方发生额合计数错误每个扣1分；要素项目填写不完整每缺少一项扣2分
登记账簿	40	账簿设置、登记、结账规范；金额正确，无随意涂改现象	账簿要素每缺少或填错一项扣2分(发生额和余额不重复扣分)，直至扣完规定分值
编制利润表	10	基本要素填写齐全，金额正确；无涂改现象	每错填或漏填一项扣2分，直至扣完本题分值为止
小计	100	——	——

四、训练所需主要材料

银行日记账、三栏式、多栏式、数量金额式明细账账页、科目汇总表、利润表各1张，档案袋1个；铁夹、大头针、计算器等。

训练题 5

一、训练项目与任务

（一）登记会计账簿

根据湘潭鸿翔工具厂 2014 年 1 月有关账户期初余额资料，及当月发生经济业务的记账凭证，开设并登记现金日记账和银行存款日记账。

（二）编制银行存款余额调节表

根据该企业 2013 年 12 月份银行存款余额调节表、2014 年 1 月份银行存款日记账和银行对账单，查找未达账项并以出纳员身份编制 2014 年 1 月份银行存款余额调节表。

（三）审核和填制会计凭证

(1) 完善“财产物资盘盈盘亏报告单”和“现金盘点报告单”。

(2) 根据上述原始凭证，以会计(制单员)身份编制相关记账凭证，并接续已给记账凭证进行连续编号。

（四）职业道德素养

将所编制的会计凭证按编号顺序整理夹好，连同日记账和调节表等核算资料一并装袋上交。

二、训练资料

(一) 企业基本情况

企业名称	湘潭鸿翔工具厂	
开户银行	中国工商银行湘潭市雨湖支行	
账　号	6620687494587929	
会计人员	主 管：李光明 会 计(制单员)：成庆刚	审 核：朱莉莉 出 纳：丁 鹏

(二) 2013 年 12 月 31 日有关账户余额

“库存现金” 10 000.00 元　　“银行存款” 805 142.00 元

(三) 2014年1月份所发生经济业务的记账凭证

记 账 凭 证

__字第<u>1</u>号　　　　2014年1月2日　　　　附件<u>1</u>张

摘要	会计科目		借方金额										贷方金额										√
	总账科目	明细科目	千	百	十	万	千	百	十	元	角	分	千	百	十	万	千	百	十	元	角	分	
利息收入	银行存款						2	5	0	0	0	0											
	财务费用																2	5	0	0	0	0	
合计金额						¥	2	5	0	0	0	0				¥	2	5	0	0	0	0	

会计主管：李光明　　出纳：丁鹏　　审核：朱莉莉　　制单：成庆刚

附件：银行利息收入通知 第0201号

记 账 凭 证

__字第<u>2</u>号　　　　2014年1月3日　　　　附件<u>1</u>张

摘要	会计科目		借方金额										贷方金额										√
	总账科目	明细科目	千	百	十	万	千	百	十	元	角	分	千	百	十	万	千	百	十	元	角	分	
付贷款利息	应付利息					4	1	5	0	0	0	0											
	银行存款															4	1	5	0	0	0	0	
合计金额					¥	4	1	5	0	0	0	0			¥	4	1	5	0	0	0	0	

会计主管：李光明　　出纳：丁鹏　　审核：朱莉莉　　制单：成庆刚

附件：银行扣款通知　第1355号

记 账 凭 证

__字第<u>3</u>号　　　　2014年1月5日　　　　附件<u>1</u>张

摘要	会计科目		借方金额										贷方金额										√
	总账科目	明细科目	千	百	十	万	千	百	十	元	角	分	千	百	十	万	千	百	十	元	角	分	
购办公用品	管理费用							5	4	0	0	0											
	库存现金																	5	4	0	0	0	
合计金额							¥	5	4	0	0	0					¥	5	4	0	0	0	

会计主管：李光明　　出纳：丁鹏　　审核：朱莉莉　　制单：成庆刚

记 账 凭 证

__字 第4号　　　　2014 年 1 月 7 日　　　　附件 1 张

摘 要	会计科目		借方金额										贷方金额										√
	总账科目	明细科目	千	百	十	万	千	百	十	元	角	分	千	百	十	万	千	百	十	元	角	分	
提现备用	库存现金						1	0	0	0	0	0											
	银行存款																1	0	0	0	0	0	
合 计 金 额						¥	1	0	0	0	0	0				¥	1	0	0	0	0	0	

会计主管：李光明　　出纳：丁鹏　　审核：朱莉莉　　制单：戚庆刚

附件：现金支票 第 2121355 号

记 账 凭 证

__字 第5号　　　　2014 年 1 月 10 日　　　　附件 1 张

摘 要	会计科目		借方金额										贷方金额										√
	总账科目	明细科目	千	百	十	万	千	百	十	元	角	分	千	百	十	万	千	百	十	元	角	分	
缴纳职工	其他应付款	住房公积金				2	1	6	2	5	0	0											
住房公积金	管理费用	住房公积金				2	1	6	2	5	0	0											
	银行存款															4	3	2	5	0	0	0	
合 计 金 额					¥	4	3	2	5	0	0	0			¥	4	3	2	5	0	0	0	

会计主管：李光明　　出纳：丁鹏　　审核：朱莉莉　　制单：戚庆刚

附件：住房公积金缴款单　第 558946 号

记 账 凭 证

__字 第6号　　　　2014 年 1 月 13 日　　　　附件 1 张

摘 要	会计科目		借方金额										贷方金额										√
	总账科目	明细科目	千	百	十	万	千	百	十	元	角	分	千	百	十	万	千	百	十	元	角	分	
李政预借	其他应收款	李 政					3	0	0	0	0	0											
差旅费	库存现金																3	0	0	0	0	0	
合 计 金 额						¥	3	0	0	0	0	0				¥	3	0	0	0	0	0	

会计主管：李光明　　出纳：丁鹏　　审核：朱莉莉　　制单：戚庆刚

记 账 凭 证

__字 第7号　　　　2014年1月17日　　　　附件 1 张

摘要	会计科目		借方金额										贷方金额										√
	总账科目	明细科目	千	百	十	万	千	百	十	元	角	分	千	百	十	万	千	百	十	元	角	分	
购原材料	原材料	2# 不锈钢					7	0	0	0	0	0											
		1# 铝合金					2	7	0	0	0	0											
	应交税费	应交增值税(进项)					1	6	4	9	0	0											
	银行存款															1	1	3	4	9	0	0	
合计金额					¥	1	1	3	4	9	0	0			¥	1	1	3	4	9	0	0	

会计主管：李光明　　出纳：丁鹏　　审核：朱莉莉　　制单：戚庆刚

附件：电汇凭证(回单联) 第2225666号

记 账 凭 证

__字 第8号　　　　2014年1月20日　　　　附件 4 张

摘要	会计科目		借方金额										贷方金额										√
	总账科目	明细科目	千	百	十	万	千	百	十	元	角	分	千	百	十	万	千	百	十	元	角	分	
销售商品	应收账款	衡阳五金专卖店			2	2	5	8	1	0	0	0											
	主营业务收入														1	9	3	0	0	0	0	0	
	应交税费	应交增值税(销项)														3	2	8	1	0	0	0	
合计金额				¥	2	2	5	8	1	0	0	0		¥	2	2	5	8	1	0	0	0	

会计主管：李光明　　出纳：丁鹏　　审核：朱莉莉　　制单：戚庆刚

记 账 凭 证

__字 第9号　　　　2014年1月25日　　　　附件 2 张

摘要	会计科目		借方金额										贷方金额										√
	总账科目	明细科目	千	百	十	万	千	百	十	元	角	分	千	百	十	万	千	百	十	元	角	分	
发放工资	应付职工薪酬	工资				4	9	1	5	0	0	0											
	其他应付款																1	0	8	1	3	0	0	
	银行存款																3	8	3	3	7	0	0	
合计金额					¥	4	9	1	5	0	0	0			¥	4	9	1	5	0	0	0	

会计主管：李光明　　出纳：丁鹏　　审核：朱莉莉　　制单：戚庆刚

附件：转账支票 第0124468号

记 账 凭 证

__字 第10号　　　　2014年1月28日　　　　附件 2 张

摘要	会计科目		借方金额										贷方金额										√
	总账科目	明细科目	千	百	十	万	千	百	十	元	角	分	千	百	十	万	千	百	十	元	角	分	
收销售款	银行存款					5	8	5	0	0	0	0											
	主营业务收入															5	0	0	0	0	0	0	
	应交税费	应交增值税(销项)															8	5	0	0	0	0	
合计金额					¥	5	8	5	0	0	0	0			¥	5	8	5	0	0	0	0	

会计主管：李光明　　出纳：丁鹏　　审核：朱莉莉　　制单：成庆刚

附件：银行进账单 第665899号

记 账 凭 证

__字 第11号　　　　2014年1月31日　　　　附件 1 张

摘要	会计科目		借方金额										贷方金额										√
	总账科目	明细科目	千	百	十	万	千	百	十	元	角	分	千	百	十	万	千	百	十	元	角	分	
计提折旧	制造费用						5	8	0	0	0	0											
	管理费用						4	2	0	0	0	0											
	销售费用							4	0	0	0	0											
	累计折旧															1	0	4	0	0	0	0	
合计金额					¥	1	0	4	0	0	0	0			¥	1	0	4	0	0	0	0	

会计主管：李光明　　出纳：丁鹏　　审核：朱莉莉　　制单：成庆刚

记 账 凭 证

__字 第12号　　　　2014年1月31日　　　　附件 4 张

摘要	会计科目		借方金额										贷方金额										√
	总账科目	明细科目	千	百	十	万	千	百	十	元	角	分	千	百	十	万	千	百	十	元	角	分	
支付水电费	制造费用						1	5	0	0	0	0											
	管理费用						4	0	0	0	0	0											
	销售费用							1	0	0	0	0											
	应交税费	应交增值税(进项)						2	6	0	0	0											
	银行存款																2	2	6	0	0	0	
合计金额						¥	2	2	6	0	0	0				¥	2	2	6	0	0	0	

会计主管：李光明　　出纳：丁鹏　　审核：朱莉莉　　制单：成庆刚

附件：转账支票 第0124469号

记 账 凭 证

__字第13号　　　　2014年1月31日　　　　附件 2 张

摘要	会计科目		借方金额	贷方金额	√
	总账科目	明细科目	千百十万千百十元角分	千百十万千百十元角分	
曾小明报	管理费用		580000		
差旅费	库存现金			580000	
合 计 金 额			¥580000	¥580000	

会计主管：李光明　　出纳：丁鹏　　审核：朱莉莉　　制单：戚庆刚

记 账 凭 证

__字第14号　　　　2014年1月31日　　　　附件 1 张

摘要	会计科目		借方金额	贷方金额	√
	总账科目	明细科目	千百十万千百十元角分	千百十万千百十元角分	
收欠款	银行存款		10000000		
	应收账款	江南公司		10000000	
合 计 金 额			¥10000000	¥10000000	

会计主管：李光明　　出纳：丁鹏　　审核：朱莉莉　　制单：戚庆刚

附件：信汇凭证(收账通知) 第01223465号

（四）银行对账资料及空白银行存款余额调节表

银行存款余额调节表

编制日期：　2013年12月31日　　　　元

企业银行存款日记账		银行对账单	
项　目	金 额	项　目	金 额
银行存款日记账余额	805 142	银行对账单余额	766 142
加：银行已收，企业未收	2 500	加：企业已收，银行未收	
减：银行已付，企业未付	41 500	减：企业已付，银行未付	
调节后余额	766 142	调节后余额	766 142

编制人：丁鹏

中国工商银行湘潭市雨湖支行对账单

户名：湘潭鸿翔工具厂　　账号：6620687494587929　　币种：人民币　　第2541页

日期	摘要	凭证种类号码	借方	贷方	余额
2014.01.01	承上月余额				766 142.00
01.07	现金支出	现金支票2121355	1000.00		765 142.00
01.08	现金支出	缴款单558946	43 250.00		721 892.00
01.13	现金支出	电汇2225666	11 349.00		710 543.00
01.28	现金支出	转账支票0124468	38 337.00		672 206.00
01.28	现金收款	进账单665899		58 500.00	730 706.00
01.31	现金支出	转账支票0124469	2260.00		728 446.00
01.31	现金收款	信汇01223465		100 000.00	828 446.00
01.31	现金收款	委托收款3256671		65 000.00	893 446.00
01.31	现金支出	委托付款	45 000.00		848 446.00

银行存款余额调节表

单位名称：　　　　年　月　日　　　　元

项目	金额	项目	金额
企业银行存款日记账余额		银行对账单余额	
加：银行已收，企业未收 减：银行已付，企业未付		加：企业已收，银行未收 减：企业已付，银行未付	
调节后存款余额		调节后存款余额	

主管会计：　　　　制表：

(五)财产清查相关资料

财产物资盘盈盘亏报告单

类别：原材料　　2014年1月31日

名称	单位	单价	账面数		清点数		盘盈		盘亏		备注
			数量	金额	数量	金额	数量	金额	数量	金额	
铜皮	千克	50	200	10000	180				20	1000	保管员失职
锌皮	千克	120	65	7800	5				60	7200	自然灾害
合计											
审批意见：同意按有关规定处理 企业负责人(签章)：吕其名							备注				

单位(盖章)　　财务科负责人：李光明　　制表：王军

现金盘点报告单

2014年1月31日

日期	账面余额	实际库存额	长款	短款	原因	处理意见
01.31		2000.00			待查	

审核：　　　　出纳：

三、评价标准

评价项目	分值	考核内容与评分标准	备注
职业道德素养	10	保持工作环境整洁；会计书写规范；资料装袋 完整	环境不整洁扣 2 分；书写不规范每处扣 1 分；资料每缺少一项扣 2 分，直 至扣完规定分值
登记日记账	40	要素登记齐全，金额正确，无随意涂改现象	现金日记账和银行存款日记账各\20 分，每错或漏登一处，扣 2 分，直至扣完规定分数
编制银行存款余额调节表	35	未达账项查找齐全、正确；调整后余额平衡	每错、漏填一项扣 3 分，余额不平衡记 0 分
填制会计凭证	15	要素项目填写完整、正确；科目、方向、金额正确无误；无涂改现象	记账凭证和原始凭证各 5 分；若金额或科目错误记 0 分，其余每项错漏扣 1 分，直至扣完规定分值
小计	100	—	—

四、训练所需主要材料

现金日记账与银行日记账账页、通用记账凭证和原始凭证粘贴单各 1 张，档案袋 1 个；裁纸刀、胶水、铁夹、大头针、计算器等。

训 练 题 6

一、训练项目与任务

（一）审核与编制会计凭证

根据所给湘潭压缩机厂 2014 年 4 月下旬的五笔经济业务，以会计(制单员)身份填制记账凭证。在此之前，该月份记账凭证编号已编至 48 号。

（二）编制科目汇总表

以会计(制单员)身份编制该企业 2014 年 4 月下旬的科目汇总表。在此之前，该月已于上旬和中旬编制了两份科目汇总表。

(三) 编制会计报表

以会计(制单)身份编制该企业 2014 年 4 月份资产负债表(只填期末数)。

(四) 职业道德素养

将所编制的会计凭证整理夹好，连同科目汇总表和会计报表一并装袋上交。

二、训练资料

（一）企业基本情况

企业名称：湘潭压缩机厂(制造业)

法人代表兼厂长：朱建良

会计人员：主 管：崔湘香　　会计(制单员)：郑 琳　出 纳：姜 瑛

有关核算制度：存货按实际成本核算，发出存货采用全月一次加权平均法计价。

（二）湘潭压缩机厂 2014 年 3 月 31 日有关账户余额

元

总账科目	明细科目	计量单位	数量	单价	借方余额	贷方余额
库存现金					5000	
银行存款					1 477 220	
应收票据					10 000	
应收账款					83 000	
坏账准备						50 000
其他应收款					4927	
应收股利					8000	
原材料					448 400	

库存商品	YS-1 型压缩机	台	200	780.00	156 000	
生产成本	YS-1 型压缩机				79 320	
固定资产					7 485 000	
累计折旧						1 497 000
长期股权投资					400 000	
短期借款						50 000
应交税费	应交增值税(进)				28 934	
应付票据						40 000
应付账款					30 000	
应付职工薪酬	福利费					65 000
实收资本						6 200 000
资本公积						1 180 528
盈余公积						645 000
本年利润						515 000
利润分配					26 727	
合　计					10 242 528	10 242 528

（三）湘潭压缩机厂 2014 年 4 月 1 日至 20 日经济业务汇总(已登账)

元

总　账　科　目	借方发生额合计	贷方发生额合计
库存现金		1350.00
银行存款	16 334.28	449 994.80
其他货币资金	160 000.00	160 000.00
应收票据		10 000.00
应收账款	789 672.63	
坏账准备	23 000.00	
其他应收款	800.00	
在途物资	102 937.00	
原材料	110 279.00	404 100.00
生产成本	425 000.00	
待处理财产损益	1100.00	
固定资产	530 000.00	
应付职工薪酬	70 014.00	70 014.00
应交税费	44 624.00	159 081.79
其他应付款		10 502.10
制造费用	38 000.00	
主营业务收入		1 050 000.00
管理费用	3 050.00	
财务费用	231.78	
合　计	2 315 042.69	2 315 042.69

（四）湘潭压缩机厂2014年4月21日至30日发生经济业务的原始凭证

4-1

固定资产折旧计算表

2014年4月30日

元

部门或用途	月初固定资产原值	月折旧额计算	月折旧额
生产车间	5 652 000	5618000 × 0.8% + 34000 × 0.6%	46 984
管理部门	973 000	948000 × 0.8% + 25000 × 0.6%	7 734
出　租	860 000	860000 × 0.5%	4 300
合　计	7 485 000	——	59 018

复 核：崔湘香　　　　制 单：郑 琳

4-2

制造费用分配表

2014年4月30日

元

部　门	制造费用额(元)	受益产品	分配金额
基本生产车间	84 984	YS-1型压缩机	84 984
合　计	84 984	——	84 984

复 核：崔湘香　　　　制 单：郑 琳

产品成本计算单

产品名称：YS-1型压缩机　　2014年4月30日　　元

项目	行次	直接材料	工资福利	制造费用	合计
期初在产品成本	1	58720.00	12345.00	8255.00	79320.00
本期发生生产费用	2	382488.00	79372.00	48124.00	509984.00
生产成本合计	3	441208.00	91717.00	56379.00	589304.00
期末在产品成本	4	58720.00	12345.00	8255.00	79320.00
本期完工产品成本(860台)	5	382488.00	79372.00	48124.00	509984.00
单位产品成本	——	444.75	92.30	55.95	593.00

复 核：崔湘香　　　　制 单：郑 琳

4-3

产品入库单

交货单位：基本生产车间　　2014年4月30日　　第001号

产品名称	计量单位	数量	单位成本	成本总额									
				千	百	十	万	千	百	十	元	角	分
YS-1型压缩机	台	860	593.00			5	0	9	9	8	4	0	0
合　计					¥	5	0	9	9	8	4	0	0

送检员：邓小兵　　检验员：罗霄　　记账员：郑琳　　保管员：张军

4-4

产品销售成本计算表

2014年4月30日

元

产品名称	数量(台)	单位成本	总成本
YS-1型压缩机	700	613.20	429 240.00
合　计			429 240.00

复 核：崔湘香　　　　制 单：郑 琳

结转损益类账户

三、评价标准

评价项目	配分	评价内容与要求	评分标准
职业道德素养	10	保持工作环境整洁；会计书写规范；资料装袋完整	环境不整洁扣 2 分；书写不规范每处扣 1 分；资料每缺少一项扣 2 分，直至扣完规定分值
填制记账凭证	30	要素项目填写完整；科目、方向、金额正确无误；无涂改现象；记账凭证与所付原始凭证匹配；所有相关责任人必须签章	49～52 号记账凭证每张 5 分，53 号记账凭证 10 分。记账凭证与原始凭证不匹配、记账凭证会计科目填写错误或金额涂改，该张凭证记 0 分，其他项目每缺少或填错一项扣 1 分，直至扣完该凭证规定分值
编制科目汇总表	20	要素项目填写与科目设置完整；金额正确；无涂改现象	所有科目借、贷方发生额合计数不平衡扣 10 分，若平衡但金额不正确扣 5 分；各科目本期借、贷方发生额合计数错误每个扣 1 分；要素项目填写不完整每缺一项扣 2 分
编制资产负债表	40	要素项目填写正确、完整；各项目金额正确；无涂改现象	每缺少或填错一项扣 1 分，金额为 0 的项目不填不扣分，但合计数为 0 的项目除外；涂改每处扣 5 分
小计	100	—	—

四、训练所需材料

通用记账凭证 6 张，原始凭证粘贴单 4 张，科目汇总表、资产负债表各 1 张，档案袋 1 个；胶水、夹子、大头针或回形针、计算器等。

训练题 7

一、训练项目与任务

（一）填制并审核会计凭证

(1) 根据所给出的本期经济业务填制或完善自制原始凭证。

(2) 根据所给经济业务的原始凭证或原始凭证汇总表，以会计(制单员)身份填制记账凭证。

(3) 在填制记账凭证时，结算类和盘存类科目，以及“生产成本”科目要填写明细科目；且所有相关责任人均需签章。

（二）整理装订会计档案

(1) 以制单员身份整理装订会计凭证并填写会计凭证封面，装订日期为 2014 年 2 月 2 日。

(2) 将不需要装订的单据与装订好的记账凭证一并装袋上交。

二、训练资料

(一) 企业基本情况

企业名称(行业)	长风真空设备有限公司(制造企业)
主要业务和产品	生产、销售 ZK-301 和 ZK-401 真空泵
法人代表	张湘生
单位地址、电话	湖南省长沙市远大路 125 号　　0731-85642038
开户行及账号	中国工商银行长沙市开福支行　　4301119870461472243
纳税人识别号	430324751104211
适应税率	增值税 17%，城建税 7%，教育费附加 5%(含地方教育费附加)
存货核算方法	按实际成本核算，发出存货采用先进先出法计价
会计岗位及人员	主管(审核)：彭庆华　会计(制单)：赵建文；出纳：周 强

（二）2013年12月31日各有关账户余额

元

总账科目	明细科目	计量单位	数量	单价	借方余额	贷方余额
库存现金					2500.00	
银行存款					1 497 440.00	
应收账款					34 540.00	
	长沙申湘汽修厂				15 000.00	
	株洲前进电机厂				19 540.00	
其他应收款					5800.00	
	曾永光				800.00	
	邹　芳				5 000.00	
坏账准备						100.00
在途物资					820 000.00	
	铸钢(华菱钢铁公司)	吨	100	7000	700 000.00	
	生铁(华菱钢铁公司)	吨	100	1200	120 000.00	
原材料					694 000.00	
	铸　钢	吨	70	6800	544 000.00	
	生　铁	吨	120	1250	150 000.00	
库存商品					747 180.00	
	ZK-301真空泵	台	300	2100	630 000.00	
	ZK-401真空泵	台	60	1953	117 180.00	
固定资产					4 210 000.00	
累计折旧						120 000.00
应付职工薪酬						82 900.00
其他应付款						11 070.00
应交税费						197 568.00
	未交增值税					176 400.00
	应交城建税					12 348.00
	应交教育费附加					8820.00
实收资本						4 000 000.00
盈余公积						140 000.00
利润分配						3 262 254.00
合　　计					8 011 460.00	8 011 460.00

（三）2014 年 1 月发生的经济业务

1-1

长风公司收料单

供货单位：华菱钢铁公司　　2014 年 1 月 1 日　　第 1 号

材料名称	送验数量	实收数量	计量单位	实际单价	金额								
					百	十	万	千	百	十	元	角	分
铸　钢	100	100	吨	7000.00		7	0	0	0	0	0	0	0
生　铁	100	100	吨	1200.00		1	2	0	0	0	0	0	0
附件	张		合　计		¥	8	2	0	0	0	0	0	0

仓库主管：　　记 账：　　复 核：张铁成　　制 单：胡 梅

2-1

（临时贷款）借款凭证 ③

单位编号：000462　　2014 年 1 月 3 日　　银行编号：000165

借款人	全　称	长风真空设备有限公司	贷款人	全　称	中国工商银行									
	账　号	430111987046147224З		账　号	4304759847612457515									
	开户银行	工商银行长沙开福支行		开户银行	工商银行长沙开福支行									
借款期限		2014 年 9 月 2 日		年利率	6%									
借款申请金额		人民币(大写)肆拾万元整			百	十	万	千	百	十	元	角	分	
					¥	4	0	0	0	0	0	0	0	
借款原因及用途		生产周转借款		银行核定金额	百	十	万	千	百	十	元	角	分	
					¥	4	0	0	0	0	0	0	0	

期限	计划还款日期	√	计划还款金额	分次还款	期次	日期	金额	结欠
1	2014 年 6 月 2 日		200000. 00					
2	2014 年 9 月 2 日		200000. 00					
备注：	上述借款业已同意贷给并转入你单位往来账户，借款到期时应按期归还，此致。 放款单位：中国工商银行长沙市开福支行							

中国工商银行 开福支行 转讫

第三联　借款人记账凭证

3-1

银行进账单（收账通知）

2014 年 1 月 5 日　　No. 4581908

收款人	全　称	长风真空设备有限公司	付款人	全　称	衡阳天青汽修厂										
	账　号	4301119870461472243		账　号	6589745895214656375										
	开户银行	工商银行长沙开福支行		开户银行	农行衡阳雁城支行										
人民币(大写)		壹万元整			千	百	十	万	千	百	十	元	角	分	
							¥	1	0	0	0	0	0	0	
票据种类		银行汇票	收款人开户行盖章												
票据张数		2													
单位主管　会计　复核　记账			2014 年 1 月 5 日												

中国工商银行 开福支行 2014.01.05 收讫

此联为收款人记账凭证

3-2

坏账收回确认书

2014 年 1 月 5 日　　　　　　　　　　　　　　　　元

欠款单位	衡阳天青汽车修理厂	坏账确认时间	2013 年 6 月 30 日
欠款金额	10000.00	坏账收回时间	2014 年 1 月 5 日
收回金额	10000.00	坏账收回原因	对方企业重组

主　管：彭庆华　　　　　　　　　　制单：赵建文

4-1

中国工商银行
现金支票存根(湘)
DH　20102324
附加信息__________________

出票日期　2014 年 1 月 8 日

收款人：本单位
金　额：￥70 200.00
用　途：备发工资

单位主管　　　　会计

5-1

职工工资发放表

2014 年 1 月 8 日　　　　　　　　　　　　　　　　元

部门	编号	应发工资	代扣保险	实发工资	签名
生产车间	001	1500	150	1350	略
生产车间	002	1000	100	900	略
…	…	…	…	…	略
企业管理部门	062	1760	176	1584	略
…	…	…	…	…	略
销售部门	066	1400	140	1260	略
…	…	…	…	…	略
合　计	——	78000	7800	70200	——

现金付讫

复　核：李文广　　　　　　　　　　制　表：关丽萍

6-1

领 款 单

2014 年 1 月 9 日　　　　第 01 号

领款原由	补付差旅费
金额(大写)	陆拾元整　　¥ 60.00
备注:	

现金付讫

会计主管：彭庆华　　复核：彭庆华　　出纳：周 强　　领款人：曾永光

6-2

差旅费报销单

单位名称：供应科　　填报日期：2014 年 1 月 9 日　　元

姓名		曾永光	职务	采购员		出差事由	采购	出差时间		4天
日期		起止地点		交通费		其他费用				
月	日	起	止	类别	金额	项目		标准	计算天数	核报金额
1	4	长沙市	邵阳市	汽车	150	住宿费	包干报销	50	4	200
1	8	邵阳市	长沙市	汽车	150		限额报销			
						住勤补助		50	4	200
						旅途补助		70	2	140
						其他杂费				20
小计					300	小计				560
总计金额(大写)		捌佰陆拾元整				预支 800　核销 860　退补 60				

部门审批：王 鹏　　财务审核：彭庆华　　出 纳：周 强　　填报人：曾永光

7-1

领 料 单

2014 年 1 月 10 日　　　　第 05 号

用途	材料名称	计量单位	请领数量	实领数量	实际单价	金额									
						千	百	十	万	千	百	十	元	角	分
生产 ZK-301 型鼓风机	铸 钢	吨	50	50											
	生 铁	吨	100	100											
附件：　张				合 计											

仓库主管：　　记 账：　　发 料：张铁成　　领料：许 新

7-2

领 料 单

2014 年 1 月 10 日　　　　第 06 号

用途	材料名称	计量单位	请领数量	实领数量	实际单价	金额									
						千	百	十	万	千	百	十	元	角	分
生产 ZK-401 型鼓风机	铸 钢	吨	40	40											
	生 铁	吨	80	80											
附件：　张				合 计											

仓库主管：　　记 账：　　发 料：张铁成　　领料：许 新

8-1

中华人民共和国
税收通用缴款书

№：0000056321

经济类型：私营有限　　2014年1月12日　　收入机关：长沙市雨花国税局

缴款单位(人)	代　码	430324751104211	预算科目	款	
	全　称	湖南长风真空设备有限公司		项	
	开户银行	中国工商银行长沙市开福支行		级次	
	账　号	4301119870461472243	收款国库	人行长沙市分行国库	

税款所属时期：2013年12月1日至12月31日　　税款限缴日期：2014年1月15日

品目名称	课税数量	计税金额或销售收入	税率或单位税额	已缴或扣除额	实缴税额 仟	百	拾	万	仟	百	拾	元	角	分
增值税		1236000.00	17%	33720.00			1	7	6	4	0	0	0	0
金额合计	(大写)壹拾柒万陆仟肆佰元整					¥	1	7	6	4	0	0	0	0

上列款项已收妥并划转收款单位账户

中国人民银行 长沙分行

国库(银行)盖章 2014年1月12日

8-2

中华人民共和国
税收通用缴款书

No：0000056322

经济类型：私营有限　　2014年1月12日　　收入机关：长沙市雨花地税局

缴款单位(人)	代　码	430324751104211	预算科目	款	
	全　称	湖南长风真空设备有限公司		项	
	开户银行	中国工商银行长沙市开福支行		级次	
	账　号	4301119870461472243	收款国库	人民银行长沙市分行国库	

税款所属时期：2013年12月1日至12月31日　　税款限缴日期：2014年1月15日

品目名称	课税数量	计税金额或销售收入	税率或单位税额	已缴或扣除额	实缴税额 仟	百	拾	万	仟	百	拾	元	角	分
城市维护建设税		17640000.00	7 %	33800.00				1	2	3	4	8	0	0
教育费附加		17640000.00	5 %						8	8	2	0	0	0
金额合计	(大写)贰万壹仟壹佰陆拾捌元整						¥	2	1	1	6	8	0	0

上列款项已收妥并划转收款单位账户

中国人民银行 长沙分行

国库(银行)盖章 2014年1月12日

9-1

银行进账单（收账通知）

2014 年 1 月 14 日　　　　No 4581908

收款人	全　称	长风真空设备有限公司	付款人	全　称	郴州机电设备公司
	账　号	4301119870461472243		账　号	6589745895214656375
	开户银行	工商银行长沙开福支行		开户银行	建行郴州北湖支行
人民币（大写）	陆拾叁万捌仟捌佰贰拾元整			千百十万千百十元角分	¥ 6 3 8 8 2 0 0 0
票据种类	银行汇票	收款人开户行盖章			
票据张数	2				
单位主管　会计　复核　记账		2014 年 1 月 14 日			

（印章：开福支行 2014.01.14 收讫）

收款人记账凭证

9-2

43000654785

湖南增值税专用发票

记　账　联

No 00098504

2014 年 1 月 14 日

（印章：全国统一发票监制章 湖南 国家税务总局监制）

购货单位	名　　称：郴州机电设备公司 纳税人识别号：432665848795475 地址、电话：0734-86954755 开户行及账号：建行郴州北湖支行 6589745895214656265	密码区	2489—197615962848 032/529/29533497416 26<8—302482906— 2—47—6<7>2*—/	加密版本 0143000654785 00098504

货物或应税劳务名称	计量单位	数量	单价	金额	税率	税额
ZK-301 真空泵	台	100	4500.00	450 000.00	17%	76 500.00
ZK-401 真空泵	台	30	3200.00	96 000.00		16 320.00
合　计				546 000.00		92 820.00
价税合计（大写）	陆拾叁万捌仟捌佰贰拾元整		（小写）￥638820.00			

销货单位	名　　称：长风真空设备有限公司 纳税人识别号：430324751104211 地址：电话：0731-85642038 开户行及账号：工行长沙开福支行 4301119870461472243	备注	湖南长风真空设备有限公司发票专用章

收款人：　　复核人：　　开票人：吴明亮　　销货单位（章）

第四联：记账联 销货单位记账凭证

9-3

产　品　出　库　单

购货单位：郴州机电公司　　2014 年 1 月 14 日　　编号：20411408

产品名称	规格	单位	数量		单价	金额									
			请发	实发		千	百	十	万	千	百	十	元	角	分

审批：孙力珂　　发货人：章全生　　提货人：刘福民　　记账：

10-1

银行进账单（收账通知）

2014 年 1 月 15 日　　　　No 4581908

中国工商银行 开福支行 2014.01.15 收讫

收款人	全　称	长风真空设备有限公司	付款人	全　称	株洲前进电机厂
	账　号	4301119870461472243		账　号	6589745895214656375
	开户银行	工商银行长沙开福支行		开户银行	工行株洲贺家土支行

人民币（大写）	千	百	十	万	千	百	十	元	角	分
壹万玖仟伍佰肆拾元整			¥	1	9	5	4	0	0	0

票据种类	银行汇票	收款人开户行盖章
票据张数	2	
单位主管　会计　复核　记账		2014 年 1 月 14 日

收款人记账凭证

11-1

工资分配及养老、医疗保险计提表

2014 年 1 月 31 日

部门与人员		应付工资总额	养老保险（8%）	医疗保险（6%）	合　计
生产车间	ZK-301 真空泵生产工人	37 600			
	ZK-401 真空泵生产工人	22 000			
	车间管理人员	4100			
企业管理部门人员		8000			
销售部门人员		6300			
合　计		78 000			

制　表：关丽萍

12-1

固定资产折旧计算表

2014 年 1 月 31 日

使用部门或用途	月初固定资产原值	年综合折旧率	月折旧额
生产车间	2 000 000	6%	
行政管理部门	1 590 000		
销售部门	620 000		
合　计	4 210 000		

会计主管：彭庆华　　复　核：彭庆华　　记　账：　　制　单：赵建文

13-1

制造费用分配表

2014 年 1 月 31 日

产品名称	分配标准	分配率	分配金额
ZK-301 真空泵	550 工时		
ZK-401 真空泵	450 工时		
合　计	1000 工时	——	

会计主管：彭庆华　　复　核：彭庆华　　记　账：　　制　单：赵建文

14-1

营业税金与附加计算表

2014 年 1 月 31 日

税　种	计税依据及金额	税　率	应纳税额
城市维护建设税			
教育费附加			
合　计	--	--	

会计主管：彭庆华　　复　核：彭庆华　　记　账：　　制　表：赵建文

15. 结转损益类科目。

三、评价标准

评价项目	分值	评价内容与要求	评分标准
职业道德素养	10	保持工作环境整洁，会计书写规范，资料完整装袋	不整洁扣 3 分；书写不规范每处扣 1 分
审核与填制会计凭证	75	要素项目填写完整；科目、方向、金额正确无误；无涂改现象；记账凭证与所付原始凭证匹配；所有相关责任人必须签章	每张记账凭证 5 分；记账凭证与原始凭证不匹配、记账凭证会计科目填写错误或金额涂改，该笔业务记 0 分；其他项目每缺少或填错一项扣 1 分，直至扣完该笔分值；原始凭证中的数据未填写或填写错误每个扣 2 分
整理装订会计档案	15	会计凭证装订整齐，封面项目填写完整；装订好的记账凭证和未作为附件的原始凭证完整装入档案袋	会计凭证装订 5 分；未装订凭证扣 5 分；装订不整齐、松散、或装订不完整扣 2 分；封面项目填写 5 分；封面项目未填写扣 5 分；填写不完整或填写错误每项扣 1 分，扣完为止；增值税专用发票抵扣联未单独拿出并与记账凭证一起装袋的扣 3 分
小计	100		

四、训练所需主要材料

通用记账凭证 16 张，原始凭证粘贴单 16 张，记账凭证封面、封底各 1 张，档案袋 1 个；胶水、裁纸刀、铁夹、大头针、计算器、装订机等。

训练题 8

一、训练项目与任务

（一）登记账簿

(1) 根据所模拟企业2014年1月各有关账户期初余额资料及当月发生经济业务的记账凭证开设并登记“制造费用”总账、“制造费用”明细账、“生产成本—MJ-1 模具”明细账。

(2) 开设账簿并登记期初余额时，在账簿“摘要”栏注明“上年结转”。

(3) 所有账户均要求进行月结。

（二）填制会计凭证

(1) 根据“制造费用”和“生产成本”账户的登记结果，以会计或制单员身份填制“制造费用分配表”、“产品成本计算单”、“产品入库单”、“产品销售成本计算单”。

(2) 根据填制好的上述原始凭证，以会计或制单员身份编制相应的记账凭证，并接续所给出的记账凭证进行连续编号。

(3) 以会计或制单员身份编制月末结转损益的记账凭证。

（三）整理会计档案资料

将编制的会计凭证按顺序整理并夹好，与登记完毕的账簿一并装袋上交。

二、训练资料

（一）企业基本情况

企业名称	湘潭群力模具厂(制造业)
企业类型	有限责任公司，增值税一般纳税人
产品类型	MJ-1和MJ-2型模具(均在一个基本生产车间组织生产)
法人代表兼厂长	沈富良
企业组织机构	设有办公室、财务、技术、销售等部门和一个基本生产车间
会计岗位与人员	主管(审核)：李 彬　会计(制单)：余 浩　　出纳：郝 蕴
有关核算方法	产品成本采用品种法核算，月末不计算在产品成本；存货按实际成本核算，发出存货采用移动加权平均法计价

（二）2013 年 12 月 31 日各有关账户余额

元

总账科目	明细科目	单位	数量	单价	借方余额	贷方金额
库存现金					5000.00	
银行存款					223 950.00	
原材料					336 600.00	
	电解铜	千克	3200	80.00	256 600.00	
	0#锌锭	千克	5000	16.00	80 000.00	
库存商品					224 700.00	
	MJ-1 模具	套	500	220.00	110 000.00	
	MJ-2 模具	套	620	185.00	114 700.00	
固定资产					650 000.00	
累计折旧						80 000.00
应付职工薪酬						28 025.00
	工 资					6 400.00
	住房公积金					21 625.00
其他应付款						21 625.00
	住房公积金					21 625.00
实收资本						1 300 000.00
合 计					1 429 650.00	1 429 650.00

（三）2014 年 1 月份发生的经济业务

记 账 凭 证

__字第1号　　2014 年 1 月 7 日　　附件 1 张

摘 要	会计科目		借方金额										贷方金额										√
	总账科目	明细科目	千	百	十	万	千	百	十	元	角	分	千	百	十	万	千	百	十	元	角	分	
购办公用品	管理费用							5	4	0	0	0											
	库存现金																	5	4	0	0	0	
合 计 金 额							¥	5	4	0	0	0					¥	5	4	0	0	0	

会计主管：李彬　　出纳：郝蕴　　审核：李彬　　制单：余浩

记 账 凭 证

__字 第2号　　　　2014年1月8日　　　　附件4张

摘要	会计科目		借方金额										贷方金额										√
	总账科目	明细科目	千	百	十	万	千	百	十	元	角	分	千	百	十	万	千	百	十	元	角	分	
购入材料	原材料	电解铜				7	5	0	0	0	0	0											
		0#锌锭				3	0	0	0	0	0	0											
	应交税费	应交增值税(进项)				1	7	8	5	0	0	0											
	银行存款														1	2	2	8	5	0	0	0	
合计金额				¥	1	2	2	8	5	0	0	0		¥	1	2	2	8	5	0	0	0	

会计主管：李彬　　出纳：郝蕴　　审核：李彬　　制单：余浩

附件：发票列明电解铜1000千克，单价75元；0#锌锭2000千克，单价15元。

记 账 凭 证

__字 第3号　　　　2014年1月10日　　　　附件1张

摘要	会计科目		借方金额										贷方金额										√
	总账科目	明细科目	千	百	十	万	千	百	十	元	角	分	千	百	十	万	千	百	十	元	角	分	
交住房公积金	应付职工薪酬	住房公积金				2	1	6	2	5	0	0											
	其他应付款	住房公积金				2	1	6	2	5	0	0											
	银行存款															4	3	2	5	0	0	0	
合计金额					¥	4	3	2	5	0	0	0			¥	4	3	2	5	0	0	0	

会计主管：李彬　　出纳：郝蕴　　审核：李彬　　制单：余浩

记 账 凭 证

__字 第4号　　　　2014年1月13日　　　　附件1张

摘要	会计科目		借方金额										贷方金额										√
	总账科目	明细科目	千	百	十	万	千	百	十	元	角	分	千	百	十	万	千	百	十	元	角	分	
预借差旅费	其他应收款	刘明阳					3	0	0	0	0	0											
	库存现金																3	0	0	0	0	0	
合计金额						¥	3	0	0	0	0	0				¥	3	0	0	0	0	0	

会计主管：李彬　　出纳：郝蕴　　审核：李彬　　制单：余浩

记 账 凭 证

__字 第5号　　　　2014年1月14日　　　　附件1张

摘要	会计科目		借方金额										贷方金额										√
	总账科目	明细科目	千	百	十	万	千	百	十	元	角	分	千	百	十	万	千	百	十	元	角	分	
发出材料	生产成本	MJ-1模具				7	8	9	5	0	0	0											
		MJ-2模具				7	8	9	5	0	0	0											
	制造费用	物料消耗				1	5	7	9	0	0	0											
	原材料	电解铜													1	7	3	6	9	0	0	0	
合计金额				¥	1	7	3	6	9	0	0	0		¥	1	7	3	6	9	0	0	0	

会计主管：李彬　　出纳：郝蕴　　审核：李彬　　制单：余浩

附件：发料单列明电解铜发出2200千克。

记 账 凭 证

___字 第6号　　　　　2014年1月20日　　　　　附件 4 张

摘要	会计科目		借方金额										贷方金额										√
	总账科目	明细科目	千	百	十	万	千	百	十	元	角	分	千	百	十	万	千	百	十	元	角	分	
销售产品	银行存款				2	2	5	8	1	0	0	0											
	主营业务收入														1	9	3	0	0	0	0	0	
	应交税费	应交增值税(销项)														3	2	8	1	0	0	0	
合计金额				¥	2	2	5	8	1	0	0	0		¥	2	2	5	8	1	0	0	0	

会计主管：李彬　　出纳：郝蕴　　审核：李彬　　制单：余浩

附件：发票列明MJ-1型模具250套，单价500元；MJ-2型模具170套，单价400元。

记 账 凭 证

___字 第7号　　　　　2014年1月28日　　　　　附件 1 张

摘要	会计科目		借方金额										贷方金额										√
	总账科目	明细科目	千	百	十	万	千	百	十	元	角	分	千	百	十	万	千	百	十	元	角	分	
发放工资	应付职工薪酬	工资			2	1	6	2	5	0	0	0											
	其他应付款	住房公积金														2	1	6	2	5	0	0	
	银行存款														1	9	4	6	2	5	0	0	
合计金额				¥	2	1	6	2	5	0	0	0		¥	2	1	6	2	5	0	0	0	

会计主管：李彬　　出纳：郝蕴　　审核：李彬　　制单：余浩

记 账 凭 证

___字 第8号　　　　　2014年1月31日　　　　　附件 1 张

摘要	会计科目		借方金额										贷方金额										√
	总账科目	明细科目	千	百	十	万	千	百	十	元	角	分	千	百	十	万	千	百	十	元	角	分	
分配人工费	生产成本	MJ-1型模具			1	0	5	8	2	0	0	0											
		MJ-2型模具				9	9	0	5	5	0	0											
	制造费用	工资与福利费				1	1	0	0	0	0	0											
	管理费用					2	2	0	0	0	0	0											
	应付职工薪酬	工资													2	1	6	2	5	0	0	0	
		住房公积金														2	1	6	2	5	0	0	
合计金额				¥	2	3	7	8	7	5	0	0		¥	2	3	7	8	7	5	0	0	

会计主管：李彬　　出纳：郝蕴　　审核：李彬　　制单：余浩

记 账 凭 证

__字第9号　　　　2014年1月31日　　　　附件 1 张

摘要	会计科目		借方金额										贷方金额										√
	总账科目	明细科目	千	百	十	万	千	百	十	元	角	分	千	百	十	万	千	百	十	元	角	分	
计提折旧	制造费用						2	8	0	0	0	0											
	管理费用						2	4	0	0	0	0											
	累计折旧																5	2	0	0	0	0	
合 计 金 额						¥	5	2	0	0	0	0				¥	5	2	0	0	0	0	

会计主管：李彬　　出纳：郝蕴　　审核：李彬　　制单：余浩

记 账 凭 证

__字第10号　　　　2014年1月31日　　　　附件 4 张

摘要	会计科目		借方金额										贷方金额										√
	总账科目	明细科目	千	百	十	万	千	百	十	元	角	分	千	百	十	万	千	百	十	元	角	分	
支付水电费	制造费用	水电费					8	5	8	0	0	0											
	管理费用						4	1	6	0	0	0											
	应交税费	应交增值税(进项)					2	1	6	5	8	0											
	银行存款															1	4	9	0	5	8	0	
合 计 金 额					¥	1	4	9	0	5	8	0			¥	1	4	9	0	5	8	0	

会计主管：李彬　　出纳：郝蕴　　审核：李彬　　制单：余浩

记 账 凭 证

__字第11号　　　　2014年1月31日　　　　附件 1 张

摘要	会计科目		借方金额										贷方金额										√
	总账科目	明细科目	千	百	十	万	千	百	十	元	角	分	千	百	十	万	千	百	十	元	角	分	
发出材料	生产成本	MJ-1 模具				5	5	0	0	0	0	0											
		MJ-2 模具				3	9	2	8	6	0	0											
	制造费用	物料消耗					6	2	8	6	0	0											
	原材料	0# 锌锭													1	0	0	5	7	2	0	0	
合 计 金 额				¥	1	0	0	5	7	2	0	0		¥	1	0	0	5	7	2	0	0	

会计主管：李彬　　出纳：郝蕴　　审核：李彬　　制单：余浩

附件：发料单列明 0#锌锭发出 6400 千克。

12-1

制造费用分配表

2014 年 1 月 31 日　　元

产品名称	分配标准 (机器工时)	分配率	分 配 金 额
MJ-1 型模具	4000		
MJ-1 型模具	6000		
合计	10 000		

制 单：余浩　　复 核：李彬

13-1

完工产品成本计算单

2014 年 1 月 31 日　　元

成本项目	MJ-1 型模具 (完工 1000 套)		MJ-2 型模具 (完工 1500 套)	
	总成本	单位成本	总成本	单位成本
直接材料		—		—
直接人工		—		—
制造费用		—		—
合 计				

会计主管：李彬　　复 核：李彬　　制 单：余浩

13-2

产 品 入 库 单

交货单位：基本生产车间　　2014 年 1 月 31 日　　第 001 号

产 品 名 称	单 位	数 量	单位成本	成本总额 千	百	十	万	千	百	十	元	角	分
MJ-1 型模具	套	15											
MJ-1 型模具	套	20											
金 额(大写)：人民币													

会计主管：李彬　　复 核：李彬　　制 单：余浩

14-1

产品销售成本计算表

2014 年 1 月 31 日　　元

产 品 名 称	计量单位	数 量	单 位 成 本	总 成 本
MJ-1 型模具	套			
MJ-1 型模具	套			
合 计	—	—	—	

会计主管：李彬　　复 核：李彬　　制 单：余浩

15-1 结转损益类账户。

三、评价标准

评价项目	分值	评价内容与要求	评分标准
职业道德素养	10	保持工作环境整洁，会计书写规范，资料完整装袋	不整洁扣 3 分；书写不规范每处扣 1 分
填制与审核原始凭证	30	基本要素填写正确、完整；金额正确无误；无涂改现象；所有相关责任人必须签章	制造费用分配表 10 分；产品成本计算表 8 分；产品入库单 2 分；产品销售成本计算单 10 分，每错、漏一处扣 1～2 分
填制与审核记账凭证	25	基本要素填写齐全；金额正确；业务分录正确无误；凭证无涂改，制单、审核、主管、出纳均需签名	每张记账凭证 5 分；金额、科目错误本凭证不得分，其余每项错或漏填扣 1 分，直至扣完本 业务题凭证分为止
登记账簿	30	账簿设置齐全，登记规范，结账正确，无涂改现象	每个账户 10 分；错登或漏登一处扣 2 分，直到扣完本账户分值为止
整理装订会计档案	5	将所编制的记账凭证按照顺序整理并夹好，与账簿资料一并装入资料袋上交	没按规定顺序整理的扣 3 分，没有装袋的扣 2 分
小 计	100		

四、训练所需主要材料

通用记账凭证 6 张，原始凭证粘贴单 6 张，总账账页、多栏式明细账页、生产成本明细账页各 1 张，档案袋 1 个；胶水、裁纸刀、铁夹、大头针、计算器等。

训练题 9

一、训练项目与任务

（一）开设并登记银行存款日记账

(1) 根据所模拟企业 2014 年 11 月“银行存款”账户期初余额资料(见 10 月份银行存款余额调节表)开设银行存款日记账并登记期初余额，登记时在“摘要栏”填写“承前页”字样。

(2) 根据 2014 年 11 月所发生经济业务的记账凭证，登记银行存款日记账并进行月末结账。

（二）编制银行存款余额调节表

根据企业 2014 年 10 月份的银行存款余额调节表、11 月份的银行存款日记账、11 月的银行对账单，查找未达账项并编制 11 月份的银行存款余额调节表。

（三）根据要求填制并审核会计凭证

(1) 将所给第 18、19、20 笔经济业务的原始凭证填写完整。

(2) 根据填制完整的上述原始凭证，以会计(制单员)身份填制相应的记账凭证。其中，“原材料”和“应交税费”科目要填写明细科目。

(3) 对所填制的记账凭证进行相关责任人签章。

（四）整理会计档案资料

将编制好的记账凭证按顺序整理并夹好，与登记完毕的账簿、银行存款余额调节表等一并装袋上交。

二、训练资料

(一) 企业基本情况

企业名称	隆兴机床厂
开户银行、账号	中国工商银行湘潭市岳塘支行，6620687494587929
适用税率	增值税税率 17%，城建税税率 7%，教育费附加率 3%
会计岗位及人员	主管(审核)：高玉宝　　会计(制单)：邱 文　　出 纳：文建刚

（二）2014 年 11 月发生经济业务的会计凭证

记 账 凭 证

__字 第1号　　　　2014 年 11 月 1 日　　　　附件 1 张

摘要	会计科目		借方金额										贷方金额										√
	总账科目	明细科目	千	百	十	万	千	百	十	元	角	分	千	百	十	万	千	百	十	元	角	分	
收回欠款	银行存款				5	8	5	0	0	0	0	0											
	应收账款														5	8	5	0	0	0	0	0	
合计金额				¥	5	8	5	0	0	0	0	0		¥	5	8	5	0	0	0	0	0	

会计主管：高玉宝　　出纳：文建刚　　审核：高玉宝　　制单：邹文

附件：银行进账单　第 1410008 号

记 账 凭 证

__字 第2号　　　　2014 年 11 月 2 日　　　　附件 3 张

摘要	会计科目		借方金额										贷方金额										√
	总账科目	明细科目	千	百	十	万	千	百	十	元	角	分	千	百	十	万	千	百	十	元	角	分	
购材料	原材料	Φ10 圆钢			4	0	0	0	0	0	0	0											
		5mm 扁钢			3	0	9	0	0	0	0	0											
	应交税费	应交增值税（进项）			1	2	0	5	3	0	0	0											
	银行存款														8	2	9	5	3	0	0	0	
合计金额				¥	8	2	9	5	3	0	0	0		¥	8	2	9	5	3	0	0	0	

会计主管：高玉宝　　出纳：文建刚　　审核：高玉宝　　制单：邹文

附件：转账支票存根　第 0133654 号

记 账 凭 证

__字 第3号　　　　2014 年 11 月 3 日　　　　附件 1 张

摘要	会计科目		借方金额										贷方金额										√
	总账科目	明细科目	千	百	十	万	千	百	十	元	角	分	千	百	十	万	千	百	十	元	角	分	
付欠款	应付账款					4	8	5	8	0	0	0											
	银行存款															4	8	5	8	0	0	0	
合计金额					¥	4	8	5	8	0	0	0			¥	4	8	5	8	0	0	0	

会计主管：高玉宝　　出纳：文建刚　　审核：高玉宝　　制单：邹文

附件：委托收款凭证　第 1031283 号

记 账 凭 证

__字 第4号　　　　2014年11月5日　　　　附件 2 张

摘 要	会计科目		借方金额										贷方金额										√
	总账科目	明细科目	千	百	十	万	千	百	十	元	角	分	千	百	十	万	千	百	十	元	角	分	
缴纳上月	应交税费	未交增值税			2	5	7	3	6	0	0	0											
应交税费		应交城建税				1	8	0	1	5	2	0											
		应交教育费附加					7	7	2	0	8	0											
	银行存款														2	8	3	0	9	6	0	0	
合 计 金 额				¥	2	8	3	0	9	6	0	0		¥	2	8	3	0	9	6	0	0	

会计主管：高玉宝　　出纳：文建刚　　审核：高玉宝　　制单：邬文

附件：税收缴款书 第2014586号

记 账 凭 证

__字 第5号　　　　2014年11月6日　　　　附件 3 张

摘 要	会计科目		借方金额										贷方金额										√
	总账科目	明细科目	千	百	十	万	千	百	十	元	角	分	千	百	十	万	千	百	十	元	角	分	
交五险一金	其他应付款					9	1	7	4	4	0	0											
	应付职工薪酬					1	2	5	3	8	0	0											
	银行存款														1	0	4	2	8	2	0	0	
合 计 金 额				¥	1	0	4	2	8	2	0	0		¥	1	0	4	2	8	2	0	0	

会计主管：高玉宝　　出纳：文建刚　　审核：高玉宝　　制单：邬文

附件：转账支票存根 第0133655号

记 账 凭 证

__字 第6号　　　　2014年11月7日　　　　附件 1 张

摘 要	会计科目		借方金额										贷方金额										√
	总账科目	明细科目	千	百	十	万	千	百	十	元	角	分	千	百	十	万	千	百	十	元	角	分	
收回欠款	银行存款				1	0	1	7	9	0	0	0											
	应收账款														1	0	1	7	9	0	0	0	
合 计 金 额				¥	1	0	1	7	9	0	0	0		¥	1	0	1	7	9	0	0	0	

会计主管：高玉宝　　出纳：文建刚　　审核：高玉宝　　制单：邬文

附件：银行进账单 第1411001号

记 账 凭 证

__字第7号　　2014年11月8日　　附件 3 张

摘要	会计科目		借方金额										贷方金额										√
	总账科目	明细科目	千	百	十	万	千	百	十	元	角	分	千	百	十	万	千	百	十	元	角	分	
收销售款	银行存款				4	2	5	8	8	0	0	0											
	主营业务收入														3	6	4	0	0	0	0	0	
	应交税费	应交增值税(销项)														6	1	8	8	0	0	0	
合 计 金 额				¥	4	2	5	8	8	0	0	0		¥	4	2	5	8	8	0	0	0	

会计主管：高玉宝　　出纳：文建刚　　审核：高玉宝　　制单：邹文

附件：银行进账单 第1411002号

记 账 凭 证

__字第8号　　2014年11月9日　　附件 3 张

摘要	会计科目		借方金额										贷方金额										√
	总账科目	明细科目	千	百	十	万	千	百	十	元	角	分	千	百	十	万	千	百	十	元	角	分	
购入需安装	在建工程				3	0	9	0	0	0	0	0											
设备	应交税费	应交增值税(进项)				5	2	5	3	0	0	0											
	银行存款														3	6	1	5	3	0	0	0	
合 计 金 额				¥	3	6	1	5	3	0	0	0		¥	3	6	1	5	3	0	0	0	

会计主管：高玉宝　　出纳：文建刚　　审核：高玉宝　　制单：邹文

附件：转账支票存根 第0133656号

记 账 凭 证

__字第9号　　2014年11月10日　　附件 3 张

摘要	会计科目		借方金额										贷方金额										√
	总账科目	明细科目	千	百	十	万	千	百	十	元	角	分	千	百	十	万	千	百	十	元	角	分	
收销售款	银行存款				2	1	6	4	5	0	0	0											
	主营业务收入														1	8	5	0	0	0	0	0	
	应交税费	应交增值税(进项)														3	1	4	5	0	0	0	
合 计 金 额				¥	2	1	6	4	5	0	0	0		¥	2	1	6	4	5	0	0	0	

会计主管：高玉宝　　出纳：文建刚　　审核：高玉宝　　制单：邹文

附件：银行信汇通知单 第33655号

记 账 凭 证

__字第10号　　　　2014年11月11日　　　　附件 2 张

摘要	会计科目		借方金额										贷方金额										√
	总账科目	明细科目	千	百	十	万	千	百	十	元	角	分	千	百	十	万	千	百	十	元	角	分	
购办公用品	管理费用						4	4	4	8	0	0											
	银行存款																4	4	4	8	0	0	
合 计 金 额						¥	4	4	4	8	0	0				¥	4	4	4	8	0	0	

会计主管：高玉宝　　出纳：文建刚　　审核：高玉宝　　制单：邵文

附件：现金支票存根 第0166243号

记 账 凭 证

__字第11号　　　　2014年11月11日　　　　附件 3 张

摘要	会计科目		借方金额										贷方金额										√
	总账科目	明细科目	千	百	十	万	千	百	十	元	角	分	千	百	十	万	千	百	十	元	角	分	
销售材料	银行存款				1	7	5	5	0	0	0	0											
	其他业务收入															5	0	0	0	0	0	0	
	应交税费	应交增值税(销项)														2	5	5	0	0	0	0	
合 计 金 额				¥	1	7	5	5	0	0	0	0		¥	1	7	5	5	0	0	0	0	

会计主管：高玉宝　　出纳：文建刚　　审核：高玉宝　　制单：邵文

附件：银行进账单 第1411003号

记 账 凭 证

__字第12号　　　　2014年11月13日　　　　附件 2 张

摘要	会计科目		借方金额										贷方金额										√
	总账科目	明细科目	千	百	十	万	千	百	十	元	角	分	千	百	十	万	千	百	十	元	角	分	
付设备安装费	在建工程						5	4	0	0	0	0											
	银行存款																5	4	0	0	0	0	
合 计 金 额						¥	5	4	0	0	0	0				¥	5	4	0	0	0	0	

会计主管：高玉宝　　出纳：文建刚　　审核：高玉宝　　制单：邵文

附件：转账支票存根 第0133657号

记 账 凭 证

__字第13号　　2014年11月15日　　附件 4 张

摘要	会计科目：总账科目	会计科目：明细科目	借方金额	贷方金额	√
发工资	应付职工薪酬		24169000		
	其他应付款			9174400	
	银行存款			14994600	
合 计 金 额			¥24169000	¥24169000	

会计主管：高玉宝　　出纳：文建刚　　审核：高玉宝　　制单：邹文

附件：转账支票存根 第0133658号

记 账 凭 证

__字第14号　　2014年11月20日　　附件 3 张

摘要	会计科目：总账科目	会计科目：明细科目	借方金额	贷方金额	√
收销售款	银行存款		105300000		
	主营业务收入			90000000	
	应交税费	应交增值税(销项)		15300000	
合 计 金 额			¥105300000	¥105300000	

会计主管：高玉宝　　出纳：文建刚　　审核：高玉宝　　制单：邹文

附件：银行进账单 第1411004号

记 账 凭 证

__字第15号　　2014年11月22日　　附件 2 张

摘要	会计科目：总账科目	会计科目：明细科目	借方金额	贷方金额	√
付贷款本息	短期借款		30000000		
	应付利息		300000		
	财务费用		150000		
	银行存款			30450000	
合 计 金 额			¥30450000	¥30450000	

会计主管：高玉宝　　出纳：文建刚　　审核：高玉宝　　制单：邹文

附件：转账支票存根 第0133659号

记 账 凭 证

__字第16号　　2014年11月23日　　附件1张

摘要	会计科目		借方金额										贷方金额										√
	总账科目	明细科目	千	百	十	万	千	百	十	元	角	分	千	百	十	万	千	百	十	元	角	分	
办理银行汇票	其他货币资金				1	5	0	0	0	0	0	0											
	银行存款														1	5	0	0	0	0	0	0	
合计金额				¥	1	5	0	0	0	0	0	0		¥	1	5	0	0	0	0	0	0	

会计主管：高玉宝　　出纳：文建刚　　审核：高玉宝　　制单：邱文

附件：银行汇票申请书 第33258号

记 账 凭 证

__字第17号　　2014年11月25日　　附件3张

摘要	会计科目		借方金额										贷方金额										√
	总账科目	明细科目	千	百	十	万	千	百	十	元	角	分	千	百	十	万	千	百	十	元	角	分	
购生产设备	固定资产				1	2	4	0	0	0	0	0											
退回余款	应交税费	应交增值税(进项)				2	1	0	8	0	0	0											
	银行存款						4	9	2	0	0	0											
	其他货币资金														1	5	0	0	0	0	0	0	
合计金额				¥	1	5	0	0	0	0	0	0		¥	1	5	0	0	0	0	0	0	

会计主管：高玉宝　　出纳：文建刚　　审核：高玉宝　　制单：邱文

附件：银行汇票结算通知 第02260号

记 账 凭 证

__字第18号　　2014年11月28日　　附件2张

摘要	会计科目		借方金额										贷方金额										√
	总账科目	明细科目	千	百	十	万	千	百	十	元	角	分	千	百	十	万	千	百	十	元	角	分	
付包装物	委托加工物资						8	0	0	0	0	0											
加工费	应交税费	应交增值税(进项)					1	3	6	0	0	0											
	银行存款																9	3	6	0	0	0	
合计金额						¥	9	3	6	0	0	0				¥	9	3	6	0	0	0	

会计主管：高玉宝　　出纳：文建刚　　审核：高玉宝　　制单：邱文

附件：转账支票存根 第0133660号

记 账 凭 证

__字第<u>19</u>号　　2014年11月30日　　附件<u>1</u>张

摘要	会计科目		借方金额										贷方金额										√
	总账科目	明细科目	千	百	十	万	千	百	十	元	角	分	千	百	十	万	千	百	十	元	角	分	
付退货款	银行存款				1	0	1	7	9	0	0	0											
	主营业务收入															8	7	0	0	0	0	0	
	应交税费	应交增值税(销项)														1	4	7	9	0	0	0	
合计金额				¥	1	0	1	7	9	0	0	0		¥	1	0	1	7	9	0	0	0	

会计主管：高玉宝　　出纳：文建刚　　审核：高玉宝　　制单：郑文

附件：银行电汇凭证(回单)　第3132055号

记 账 凭 证

__字第<u>17</u>号　　2014年11月25日　　附件<u>3</u>张

摘要	会计科目		借方金额										贷方金额										√
	总账科目	明细科目	千	百	十	万	千	百	十	元	角	分	千	百	十	万	千	百	十	元	角	分	
购生产设备	固定资产				1	2	4	0	0	0	0	0											
退回余款	应交税费	应交增值税(进项)				2	1	0	8	0	0	0											
	银行存款						4	9	2	0	0	0											
	其他货币资金														1	5	0	0	0	0	0	0	
合计金额				¥	1	5	0	0	0	0	0	0		¥	1	5	0	0	0	0	0	0	

会计主管：高玉宝　　出纳：文建刚　　审核：高玉宝　　制单：郑文

附件：银行汇票结算通知　第02260号

记 账 凭 证

__字第<u>18</u>号　　2014年11月28日　　附件<u>2</u>张

摘要	会计科目		借方金额										贷方金额										√
	总账科目	明细科目	千	百	十	万	千	百	十	元	角	分	千	百	十	万	千	百	十	元	角	分	
付包装物	委托加工物资						8	0	0	0	0	0											
加工费	应交税费	应交增值税(进项)					1	3	6	0	0	0											
	银行存款																9	3	6	0	0	0	
合计金额						¥	9	3	6	0	0	0				¥	9	3	6	0	0	0	

会计主管：高玉宝　　出纳：文建刚　　审核：高玉宝　　制单：郑文

附件：转账支票存根　第0133660号

20-1

财产物资盘盈盘亏报告单

类别：原材料　　　　2014 年 11 月 30 日　　　　元

名称	单位	单价	账面数		清点数		盘 盈		盘 亏		原 因
			数量	金额	数量	金额	数量	金额	数量	金额	
Φ10 圆钢	吨	1500	20	30 000	20.5						待查
5mm 扁钢	吨	200	65	13 000	64.6						待查
合 计	—	—	—	—	—		—		—		—
审批意见： 财务负责人(签章)											

单位(盖章)　　　　会计主管：高玉宝　　　　制 表：邹 文

21-1

现 金 盘 点 报 告 单

2014 年 11 月 30 日　　　　元

日 期	账面余额	实际库存额	长 款	短 款	原 因
2014.11.30	5890.00	6000.00			待 查
处理意见： 财务负责人(签章)					

主 管：高玉宝　　　　出 纳：文建刚　　　　制 单：邹 文

22-1

营业税金及附加计算表

2014 年 11 月 30 日　　　　元

税 种	计税依据及金额		税 率	应纳税额
城市维护建设税				
教育费附加				
合 计	—	—	—	

审 核：高玉宝　　　　制 单：邹 文

（三）2014 年 10 月份企业银行存款余额调节表

银行存款余额调节表

2014 年 10 月 31 日　　　　元

企业银行日记账		银行对账单	
项 目	金 额	项 目	金 额
调节前余额	3 801 452	调节前余额	4 374 372
加：银行已收，企业未收	585 000	加：企业已收，银行未收	20 000
减：银行已付，企业未付	48 580	减：企业已付，银行未付	56 500
调节后余额	4 337 872	调节后余额	4 337 872

编制人：邹 文

（四）2014 年 11 月份银行对账单

中国工商银行湘潭市岳塘支行对账单

户名：隆兴机床厂　　科 目：人民币　　第 48101 页　　账号：6620687494587929

日期	摘要	凭证种类号码	借方	贷方	余额
2014.11.01	承上月余额				4 374 372
11.01	现金收款	现金缴款单 1101024		20 000	4 394 372
11.02	现金支出	现金支票 0166242	56 500		4 337 872
11.03	现金支出	转账支票 0133654	829 530		3 508 342
11.06	现金支出	税收缴款书 2014586	283 096		3 225 246
11.08	现金支出	转账支票 0133655	104 282		3 120 964
11.09	现金支出	转账支票 0133656	361 530		2 759 434
11.10	现金收款	银行进账单 1411001		101 790	2 861 224
11.12	现金收款	进账单 1411002		425 880	3 287 104
11.14	现金收款	信汇 33655		216 450	3 503 554
11.21	现金支出	现金支票 0166243	4 448		3 499 106
11.22	现金支出	转账支票 0133658	241 690		3 257 416
11.24	现金收款	转账支票 0133657	5 400		3 252 016
	现金收款	进账单 1411003		175 500	3 427 516
11.27	现金收款	进账单 1411004		1 053 000	4 480 516
	现金支出	汇票申请书 33258	150 000		4 330 516
11.28	现金支出	转账支票 0133659	304 500		4 026 016
	现金收款	汇票结算通知 02260		4 920	4 030 936
11.30	现金收款	委托收款 444265		50 000	4 080 936
11.30	现金支出	转账支票 0133660	9 360		4 071 576

（五）2014 年 11 月份银行存款余额调节表

银行存款余额调节表

2014 年 11 月 30 日　　　　元

企业银行日记账		银行对账单	
项　目	金　额	项　目	金　额
调节前余额		调节前余额	
加：银行已收，企业未收		加：企业已收，银行未收	
减：银行已付，企业未付		减：企业已付，银行未付	
调节后余额		调节后余额	

编制人：

三、评价标准

评价项目	分值	评价内容与要求	评 分 标 准
职业道德素养	10	保持工作环境整洁，会计书写规范，核算资料装袋完整	不整洁扣 3 分；书写不规范，每处扣 1 分；资料装袋，不完整扣 2 分
填制与审核会计凭证	30	、要素项目填写完整；金额正确；分录无误；无涂改现象；相关责任人均签章	每张凭证 5 分；记账凭证与原始凭证不匹配，或记账凭证会计科目填写错误，或有金额涂改，则该凭证记 0 分；其他项目每缺少或填错一项扣 1 分
设置与登记会计账簿	30	账簿登记规范；要素项目填写完整；金额正确；无涂改现象、	金额每错登或漏登 1 处扣 2 分；摘要等文字部分漏登每处扣 1 分，直至扣完本账户分值为止
编 制 银行存款 余额调节表	30	未达账项查找齐全、正确；调整后余额平衡	每错、漏填一项扣 3 分，余额不平衡记 0 分
小计	100	—	—

四、训练所需主要材料

通用记账凭证 3 张，原始凭证粘贴单 3 张，银行日记账账页 1 张，档案袋 1 个；胶水、裁纸刀、铁夹、大头针、计算器等。

训 练 题 10

一、训练项目与任务

(一) 开设并登记会计账簿

(1) 根据所模拟企业 2014 年 7 月各有关账户期初余额资料，以及所给当月经济业务的记账凭证，开设并登记“应收账款—汉阳民生机电公司”、“应交税费—应交增值税”、“原材料—电解铝”三个明细分类账，以及“银行存款”总分类账。

(2) 各账户均要求：在登记期初余额时，“摘要”栏须填写“上月结转”或“期初余额”字样；登记账户时须随时结出余额；月末须进行月结。

(二) 编制科目汇总表

根据所给企业 2014 年 7 月份发生经济业务的记账凭证，编制科目汇总表(全月一次汇总)。

(三) 编制利润表

根据科目汇总表，编制企业 2014 年 7 月份利润表(只填本期数)。

(四) 整理会计档案资料

将登记完毕的账簿、填制好的科目汇总表和利润表，按顺序整理夹好后，一并装袋上交。

二、训练有关资料

(一) 企业基本情况

企业名称 (行业)	湖南湘潭压缩机厂(制造业)
适 用 税 率	企业所得税率 25%，运费抵扣率 7%
账务处理程序	科目汇总表账务处理程序
存货核算制度	按实际成本核算，发出存货采用先进先出法计价
相 关 责 任 人	法人代表：易 啸　　财务主管(审核)：邓 芳 会计(制单)：范长天　　出 纳：郭丽丽

（二）有关账户 2014 年 11 月期初余额

元

总账科目	明细科目	计量单位	数 量	单 价	借方余额	贷方金额
银行存款					1 470 680	
应收账款	济南民生机电				83 000	
	菏泽方圆电器				50 000	
原 材 料	电解铝	千克	2000	80	160 000	

（三）2014 年 11 月经济业务的记账凭证

记 账 凭 证

__字 第1号　　2014 年 11 月 1 日　　附件 1 张

摘 要	会计科目		借方金额（千百十万千百十元角分）	贷方金额（千百十万千百十元角分）	√
	总账科目	明细科目			
付银行手续费	财务费用		10500		
	银行存款			10500	
合 计 金 额			¥10500	¥10500	

会计主管：邓芳　　出纳：郭丽丽　　审核：邓芳　　制单：范长天

记 账 凭 证

__字 第2号　　2014 年 11 月 3 日　　附件 2 张

摘 要	会计科目		借方金额（千百十万千百十元角分）	贷方金额（千百十万千百十元角分）	√
	总账科目	明细科目			
办理银行汇票	其他货币资金		15000000		
	银行存款			15000000	
合 计 金 额			¥15000000	¥15000000	

会计主管：邓芳　　出纳：郭丽丽　　审核：邓芳　　制单：范长天

记 账 凭 证

__字第3号　　2014年11月5日　　附件 4 张

摘要	会计科目		借方金额	贷方金额	√
	总账科目	明细科目	千百十万千百十元角分	千百十万千百十元角分	
购入材料	原材料	电解铝	7943000		
	应交税费	应交增值税（进项）	1333000		
	银行存款			9276000	
合计金额			¥9276000	¥9276000	

会计主管：邓芳　　出纳：郭丽丽　　审核：邓芳　　制单：范长天

附件：① 专用发票列明电解铝1000千克，单价78元；② 运杂费发票列明运费1000元，装卸费500元。

记 账 凭 证

__字第4号　　2014年11月7日　　附件 2 张

摘要	会计科目		借方金额	贷方金额	√
	总账科目	明细科目	千百十万千百十元角分	千百十万千百十元角分	
缴纳上月	应交税费	未交增值税	25736000		
应交税费		应交城建税	1801520		
		应交教育费附加	772080		
	银行存款			28309600	
合计金额			¥28309600	¥28309600	

会计主管：邓芳　　出纳：郭丽丽　　审核：邓芳　　制单：范长天

记 账 凭 证

__字第5号　　2014年11月10日　　附件 4 张

摘要	会计科目		借方金额	贷方金额	√
	总账科目	明细科目	千百十万千百十元角分	千百十万千百十元角分	
用银行汇票	在途物资	电解铝	12171600		
采购材料	应交税费	应交增值税（进项）	2048400		
	银行存款		780000		
	其他货币资金			15000000	
合计金额			¥15000000	¥15000000	

会计主管：邓芳　　出纳：郭丽丽　　审核：邓芳　　制单：范长天

附件：① 专用发票列明电解铝1500千克，单价80元；② 运杂费发票列明运费1200元，装卸费600元。

记 账 凭 证

__字第6号　　　　2014年11月12日　　　　附件 3 张

摘要	会计科目：总账科目	会计科目：明细科目	借方金额（千百十万千百十元角分）	贷方金额（千百十万千百十元角分）	√
发放工资	应付职工薪酬	工　资	14381800		
	其他应付款	养老保险		719090	
		医疗保险		1150544	
		住房公积金		287636	
	银行存款			12224530	
合 计 金 额			¥14381800	¥14381800	

会计主管：邓 芳　　出 纳：郭丽丽　　审 核：邓 芳　　制 单：范长天

记 账 凭 证

__字第7号　　　　2014年11月15日　　　　附件 4 张

摘要	会计科目：总账科目	会计科目：明细科目	借方金额（千百十万千百十元角分）	贷方金额（千百十万千百十元角分）	√
收回欠款	银行存款		8300000		
	应收账款	汉阳民生机电		8300000	
合 计 金 额			¥8300000	¥8300000	

会计主管：邓 芳　　出 纳：郭丽丽　　审 核：邓 芳　　制 单：范长天

记 账 凭 证

__字第8号　　　　2014年11月17日　　　　附件 4 张

摘要	会计科目：总账科目	会计科目：明细科目	借方金额（千百十万千百十元角分）	贷方金额（千百十万千百十元角分）	√
销售产品	银行存款		41535000		
	主营业务收入			35500000	
	应交税费	应交增值税（销项）		6035000	
合 计 金 额			¥41535000	¥41535000	

会计主管：邓 芳　　出 纳：郭丽丽　　审 核：邓 芳　　制 单：范长天

记 账 凭 证

__字第9号　　2014年11月18日　　附件1张

摘要	会计科目		借方金额										贷方金额										√
	总账科目	明细科目	千	百	十	万	千	百	十	元	角	分	千	百	十	万	千	百	十	元	角	分	
票据贴现	银行存款					9	8	4	7	2	2	0											
	财务费用						1	5	2	7	8	0											
	应收票据														1	0	0	0	0	0	0	0	
合计金额				¥	1	0	0	0	0	0	0	0		¥	1	0	0	0	0	0	0	0	

会计主管：郑芳　　出纳：郭丽丽　　审核：郑芳　　制单：范长天

记 账 凭 证

__字第10号　　2014年11月20日　　附件3张

摘要	会计科目		借方金额										贷方金额										√
	总账科目	明细科目	千	百	十	万	千	百	十	元	角	分	千	百	十	万	千	百	十	元	角	分	
销售产品	应收账款	汉阳民生机电			3	2	9	9	4	0	0	0											
款项未收	主营业务收入														2	8	2	0	0	0	0	0	
	应交税费	应交增值税(销项)														4	7	9	4	0	0	0	
合计金额				¥	3	2	9	9	4	0	0	0		¥	3	2	9	9	4	0	0	0	

会计主管：郑芳　　出纳：郭丽丽　　审核：郑芳　　制单：范长天

记 账 凭 证

__字第11号　　2014年11月22日　　附件1张

摘要	会计科目		借方金额										贷方金额										√
	总账科目	明细科目	千	百	十	万	千	百	十	元	角	分	千	百	十	万	千	百	十	元	角	分	
确认坏账	坏账准备					5	0	0	0	0	0	0											
	应收账款	菏泽方圆电器														5	0	0	0	0	0	0	
合计金额					¥	5	0	0	0	0	0	0			¥	5	0	0	0	0	0	0	

会计主管：郑芳　　出纳：郭丽丽　　审核：郑芳　　制单：范长天

记 账 凭 证

__字 第12号　　　　2014年11月24日　　　　附件_1_张

摘要	会计科目		借方金额										贷方金额										√
	总账科目	明细科目	千	百	十	万	千	百	十	元	角	分	千	百	十	万	千	百	十	元	角	分	
发出材料	生产成本				1	5	2	0	0	0	0	0											
	制造费用						8	0	0	0	0	0											
	管理费用					1	5	8	8	6	0	0											
	原材料	电解铝													1	7	5	8	8	6	0	0	
合 计 金 额				¥	1	7	5	8	8	6	0	0		¥	1	7	5	8	8	6	0	0	

会计主管：邓芳　　出纳：郭丽丽　　审核：邓芳　　制单：范长天

附件：领料单列明发出电解铝共计2200千克。

记 账 凭 证

__字 第13号　　　　2014年11月26日　　　　附件_1_张

摘要	会计科目		借方金额										贷方金额										√
	总账科目	明细科目	千	百	十	万	千	百	十	元	角	分	千	百	十	万	千	百	十	元	角	分	
材料入库	原材料	电解铝			1	2	1	7	1	6	0	0											
	在途物资	电解铝													1	2	1	7	1	6	0	0	
合 计 金 额				¥	1	2	1	7	1	6	0	0		¥	1	2	1	7	1	6	0	0	

会计主管：邓芳　　出纳：郭丽丽　　审核：邓芳　　制单：范长天

附件：入库单列明电解铝应收1500千克，实收1500千克。

记 账 凭 证

__字 第14号　　　　2014年11月27日　　　　附件_3_张

摘要	会计科目		借方金额										贷方金额										√
	总账科目	明细科目	千	百	十	万	千	百	十	元	角	分	千	百	十	万	千	百	十	元	角	分	
付水电费	制造费用						8	7	2	0	0	0											
	管理费用						3	5	5	0	0	0											
	银行存款															1	2	2	7	0	0	0	
合 计 金 额					¥	1	2	2	7	0	0	0			¥	1	2	2	7	0	0	0	

会计主管：邓芳　　出纳：郭丽丽　　审核：邓芳　　制单：范长天

记 账 凭 证

__字第15号　　　　　　2014年11月28日　　　　　　附件 3 张

摘要	会计科目		借方金额										贷方金额										√
	总账科目	明细科目	千	百	十	万	千	百	十	元	角	分	千	百	十	万	千	百	十	元	角	分	
盘亏材料	待处理财产损益							7	9	4	3	0											
	原材料	电解铝																7	9	4	3	0	
合 计 金 额							¥	7	9	4	3	0					¥	7	9	4	3	0	

会计主管：邓芳　　出纳：郭丽丽　　审核：邓芳　　制单：范长天

附件：财产物资盘点登记表列明电解铝盘亏10千克，原因待查。

记 账 凭 证

__字第16号　　　　　　2014年11月30日　　　　　　附件 3 张

摘要	会计科目		借方金额										贷方金额										√
	总账科目	明细科目	千	百	十	万	千	百	十	元	角	分	千	百	十	万	千	百	十	元	角	分	
分配工资	生产成本				1	2	3	9	5	7	9	0											
	制造费用					1	8	6	3	2	1	6											
	管理费用					2	1	3	6	2	4	6											
	应付职工薪酬	工 资													1	4	3	8	1	8	0	0	
		福利费														2	0	1	3	4	5	2	
合 计 金 额				¥	1	6	3	9	5	2	5	2		¥	1	6	3	9	5	2	5	2	

会计主管：邓芳　　出纳：郭丽丽　　审核：邓芳　　制单：范长天

记 账 凭 证

__字第17号　　　　　　2014年11月30日　　　　　　附件 1 张

摘要	会计科目		借方金额										贷方金额										√
	总账科目	明细科目	千	百	十	万	千	百	十	元	角	分	千	百	十	万	千	百	十	元	角	分	
计提折旧	制造费用						2	8	0	0	0	0											
	管理费用						2	4	0	0	0	0											
	累计折旧																5	2	0	0	0	0	
合 计 金 额						¥	5	2	0	0	0	0				¥	5	2	0	0	0	0	

会计主管：邓芳　　出纳：郭丽丽　　审核：邓芳　　制单：范长天

记 账 凭 证

__字 第18号　　2014年11月30日　　附件1张

摘要	会计科目		借方金额										贷方金额										√
	总账科目	明细科目	千	百	十	万	千	百	十	元	角	分	千	百	十	万	千	百	十	元	角	分	
分配制造费用	生产成本					3	8	1	5	2	1	6											
	制造费用															3	8	1	5	2	1	6	
合 计 金 额					¥	3	8	1	5	2	1	6			¥	3	8	1	5	2	1	6	

会计主管：邓芳　出纳：郭丽丽　审核：邓芳　制单：范长天

记 账 凭 证

__字 第19号　　2014年11月30日　　附件1张

摘要	会计科目		借方金额										贷方金额										√
	总账科目	明细科目	千	百	十	万	千	百	十	元	角	分	千	百	十	万	千	百	十	元	角	分	
结转销售成本	主营业务成本				3	2	8	0	0	0	0	0											
	库存商品														3	2	8	0	0	0	0	0	
合 计 金 额				¥	3	2	8	0	0	0	0	0		¥	3	2	8	0	0	0	0	0	

会计主管：邓芳　出纳：郭丽丽　审核：邓芳　制单：范长天

记 账 凭 证

__字 第20号　　2014年11月30日　　附件1张

摘要	会计科目		借方金额										贷方金额										√
	总账科目	明细科目	千	百	十	万	千	百	十	元	角	分	千	百	十	万	千	百	十	元	角	分	
结转收入	主营业务收入				6	3	7	0	0	0	0	0											
	本年利润														6	3	7	0	0	0	0	0	
合 计 金 额				¥	6	3	7	0	0	0	0	0		¥	6	3	7	0	0	0	0	0	

会计主管：邓芳　出纳：郭丽丽　审核：邓芳　制单：范长天

记 账 凭 证

__字第21号　　　　2014年11月30日　　　　附件1张

摘要	会计科目		借方金额										贷方金额										√
	总账科目	明细科目	千	百	十	万	千	百	十	元	角	分	千	百	十	万	千	百	十	元	角	分	
结转成本费用	本年利润				3	7	2	8	3	1	2	6											
	主营业务成本														3	2	8	0	0	0	0	0	
	管理费用															4	3	1	9	8	4	6	
	财务费用																1	6	3	2	8	0	
合 计 金 额				¥	3	7	2	8	3	1	2	6		¥	3	7	2	8	3	1	2	6	

会计主管：邓芳　　出纳：郭丽丽　　审核：邓芳　　制单：范长天

三、评价标准

评价项目	分值	评价内容与要求	评 分 标 准
职业道德素养	10	保持工作环境整洁，会计书写规范、资料完整装袋	工作环境不整洁扣3分；会计书写不规范每处扣1分；装袋不完整每少一项扣1分
登记账簿	40	要素项目填写完整正确；余额方向、金额、画线正确无误	每个账户10分，账页格式选取正确1分；要素项目填写齐全1分；日期、凭证字号、摘要填写正确2分，错一处扣0.5分；余额方向正确2分，错一处扣1分；金额正确2分，错1处扣1分；画线正确2分
编制科目汇总表	40	要素项目填写完整、正确；会计科目和本期发生额填写完整正确，借贷方发生额合计数正确且平衡	表头内容、日期、编号填写齐全3分，每错或漏填一处扣1分；科目及发生额填写正确30分，每错或漏填一处扣1分；借贷方发生额合计平衡且合计金额正确4分，合计金额错1处扣2分；制表人填写一分；空白处画线注销1分；借贷方合计金额前加“¥”符号1分
编制利润表	10	要素项目与各项金额填写完整正确	要素填写完整3分，编制单位、时间、签字每错或漏填一处扣1分；各项目金额正确7分，每错或漏填一处扣1分
小计	100		

四、训练所需主要材料

总账账页、三栏式明细账页、数量金额式明细账页、科目汇总表、利润表各1张，档案袋1个；铁夹、大头针、计算器等。

训 练 题 11

一、训练项目与任务

（一）填制并审核会计凭证

(1) 根据所给出的经济业务填制空白原始凭证或将不完整的原始凭证填写完整。

(2) 以制单员身份根据所给经济业务的原始凭证或原始凭证汇总表填制记账凭证。其中，“原材料”、“其他应收款”、“应交税费”、“应收账款”、“库存商品”、“生产成本”等科目要填写明细科目，每张记账凭证均要求有相关责任人签章。

（二）整理装订会计档案

(1) 以制单员身份整理装订会计凭证并填写会计凭证封面，装订日期为 2014 年 4 月 2 日。

(2) 将未装订单据与装订好的记账凭证一并装入档案袋中上交。

二、训练有关资料

(一) 企业基本情况

企业名称(行业)	湘潭市美华家具厂
企业类型	私营企业，增值税一般纳税人
主要产品	组合柜、办公桌
法定代表人	杨大伟
单位地址、电话	湘潭市车站路 120 号，0731-52625588
开户银行、账号	工行湘潭市雨湖支行，430302195009117，401202547297382(工资户)
纳税人识别号	5724810566317262
适用税率	增值税 17%，所得税 25%，城建税 7%，教育费附加 3%，运费抵扣 7%
账务处理程序	记账凭证账务处理程序
主要核算制度	存货按实际成本核算，发出存货采用先进先出法计价
会计岗位与人员	主管(审核)：胡建成 记账：黄晓明 制单：刘明阳 出纳：樊小春

（二）2014 年 2 月 28 日账户余额资料

总账科目	明细科目	计量单位	数量	单价	借方余额	贷方金额
库存现金					4 880.00	
银行存款					623 432.00	
应收账款					613 200.00	
	湘潭高新区管委会				86 000.00	
	湘潭大同房地产				144 000.00	
	岳阳群力家具经销部				383 200.00	
其他应收款	王 强				4 000.00	
原材料					226 520.00	
	大芯板	块	1400	66.80	93 520.00	
	装饰板	块	2600	42.50	110 500.00	
	乳　胶	桶	180	125.00	22 500.00	
生产成本					34 853.00	
	组合柜				13 400.00	
	办公桌				21 453.00	
库存商品					120 000.00	
	组合柜	个	280	300.00	84 000.00	
	办公桌	张	200	180.00	36 000.00	
固定资产					1 794 085.00	
累计折旧						323 220.00
短期借款						300 000.00
应付账款						178 000.00
	湘潭鸿威油漆厂					22 000.00
	建强木材批发部					156 000.00
应付职工薪酬						561 000.00
	工　资					362 400.00
	福利费					198 600.00
应交税费	应交增值税（进项税额）				2520.00	
实收资本						1 000 000.00
盈余公积						381 000.00
本年利润						314 850.00
利润分配	未分配利润					365 420.00
合　计					3 440 970.00	3 440 970.00

（三）2014 年 3 月经济业务的原始凭证

1-1

关于召开全省企业
财务统计工作会议的通知

各有关企业：

为加强我省企业财务统计工作的管理，提高工作质量，决定于 2014 年 3 月 8 日－11 日在省统计局三楼会议室，召开我省企业财务统计工作会议，希各有关企业指派一名从事相关工作的人员参加会议。与会的交通费和食宿费由各单位自理，特此通知。

湖南省统计局

二〇一四年三月一日

请财务部刘明阳同志参加会议

杨大伟 2014.3.5

1-2

借款单

2014 年 3 月 5 日

借款人	刘明阳	部　门	财务部	职务	会计主管
借款原因	去长沙开会		领导审批	同意借支　杨大伟 2014.3.5	
借款金额	人民币（大写）壹仟元整　　¥1000.00				
备　注	现金付讫				

会计主管：胡建成　　出纳：樊小春　　借款人：刘明阳

2-1

中国工商银行
转账支票存根（湘）
VI II 03259713

附加信息：

出票日期：2014年3月5日

收款人	湘潭市美华家具厂
金　额	¥279048.00
用　途	发工资
备　注	

单位主管：**胡建成** 会　计：**黄晓明**
复　核：　　　　记　账：

2-2

银行进账单（收账通知） 3

XV79448101

2014年3月5日

出票人	全　称	湘潭美华家具厂	收款人	全　称	湘潭美华家具厂
	账　号	430302195009117		账　号	401202547297382
	开户行	工行湘潭市雨湖支行		开户行	工行湘潭市雨湖支行
金额	金　额（大写）	贰拾柒万玖仟零肆拾捌元整		千百十万千百十元角分	¥27904800
票据种类	支　票	票据张数	壹张		
票据号码	VI II 03259713				
备注：					
复核：　记账：					开户银行签章

中国工商银行
湘潭雨湖支行
2014.03.05
转　讫

2-3

湘潭美华家具厂工资表

工资所属期间：2014年2月　　　　　　发放日期：3月5日

编号	姓名	应发工资	代扣代缴款项					实发工资
			养老保险	医疗保险	失业保险	公积金	小计	
001	杨　平	4900.00	392.00	98.00	49.00	588.00	1127.00	3773.00
002	陈　娟	3500.00	280.00	70.00	35.00	420.00	805.00	2695.00
003	……	……	……	……	……	……	……	……
……	……	……	……	……	……	……	……	……
……	……	……	……	……	……	……	……	……
合计		362 400.00	28 992.00	7248.00	3624.00	43 488.00	83 352.00	279 048.00

主管(复核)：胡建成　　　记　账：黄晓明　　　制　单：朱民瑛

3-1

银行进账单（收账通知） 3

XV79448102

2014年3月7日

收款人	全称	湘潭美华家具厂	付款人	全称	岳阳群力家具经销部
	账号	430302195009117		账号	601202547297382
	开户行	工行湘潭市雨湖支行		开户行	工行岳阳市岳阳楼支行
金额	金额（大写）	叁拾万元整		千百十万千百十元角分	¥30000000
票据种类	汇票	票据张数	壹张		
票据号码	ⅥⅡ04258710				
备注：归还欠款	复核：	记账：	开户银行签章		

中国工商银行 湘潭雨湖支行 2014.03.05 转讫

4-1

中国工商银行
转账支票存根（湘）

ⅥⅡ03259713

附加信息：

出票日期：2014年3月10日

收款人	湘潭市美华家具厂
金额	¥2000.00
用途	备用金
备注	

单位主管：胡建成 会计：黄晓明

复核： 记账：

5-1

美华家具厂差旅费报销单

部门：财务部 填报日期：2014年3月12日 单位：元

姓名	刘明阳	职务	会计		出差事由	会议	出差时间		4天
日期		起止地点		车、船、机票		其他费用			
月	日	起	止	类别	金额	项目	标准	天数	核报金额
3	8	湘潭市	长沙市	汽车	25.00	住宿费 包干报销	150	3	450.00
3	11	长沙市	湘潭市	汽车	25.00	住宿费 限额报销			
						住勤补助费	60	3	180.00
						路途补助费			
						其他杂支			50.00
小计					50.00	小计			680.00
总计金额（大写）		零仟柒佰叁拾零元零角零分				预支 1000 核销 730 退补 270			

现金付讫

主管：胡建成 审核：胡建成 出纳：樊小春 填报人：刘明阳

6-1

4301092372　　**湖南增值税专用发票**　　№ 09236174

湖南　发票联　国家税务总局监制

开票日期：2014年3月17日

购货单位	名称	湘潭美华家具厂			密码区	2489－1<9－7－61596284 8<032/52>9/29533－4974 1626<8－3024>82906－2 －47－6<7>2*－/>*>6		加密版本01 4301092372 09236174
	纳税人识别号	5724810566317262						
	地址、电话	湘潭市车站路120号 0731－52625588						
	开户行及账号	工行雨湖支行 430302195009117						
货物或劳务名称	规格型号	单位	数量	单价		金额	税率	税额
大芯板		块	600	60.00		36 000.00	17%	6 120.00
装饰板		块	1400	40.00		56 000.00		9 520.00
合计						¥92 000.00		¥15 640.00
价税合计(大写)	**壹拾万零柒仟陆佰肆拾元整**					(小写)¥**107 640.00**		
销货单位	名称	马王堆建材超市		备注				
	纳税人识别号	420101021318405						
	地址、电话	长沙万家丽路110号 0731-8553182						
	开户行及账号	工行马王堆支行 9026723145351126						

马王堆建材超市 4201010 21318405 发票专用章

收款人：　　复核：　　开票人：蔡辉　　销货单位：(章)

第三联 发票联 购货方记账凭证

6-2

4301092372　　**湖南增值税专用发票**　　№ 09236174

湖南　发票联　国家税务总局监制

开票日期：2014年3月17日

购货单位	名称	湘潭美华家具厂			密码区	2489－1<9－7－61596284 8<032/52>9/29533－4974 1626<8－3024>82906－2 －47－6<7>2*－/>*>6		加密版本01 4301092372 09236174
	纳税人识别号	5724810566317262						
	地址、电话	湘潭市车站路120号 0731－52625588						
	开户行及账号	工行雨湖支行 430302195009117						
货物或劳务名称	规格型号	单位	数量	单价		金额	税率	税额
大芯板		块	600	60.00		36 000.00	17%	6 120.00
装饰板		块	1400	40.00		56 000.00		9 520.00
合计						¥92 000.00		¥15 640.00
价税合计(大写)	**壹拾万零柒仟陆佰肆拾元整**					(小写)¥**107 640.00**		
销货单位	名称	马王堆建材超市		备注				
	纳税人识别号	420101021318405						
	地址、电话	长沙万家丽路110号 0731-8553182						
	开户行及账号	工行马王堆支行 9026723145351126						

马王堆建材超市 4201010 21318405 发票专用章

收款人：　　复核：　　开票人：蔡辉　　销货单位(章)

第二联 抵扣联 购货方抵扣凭证

6-3

湘潭美华家具厂收料单

供应单位：马王堆建材超市　　编号：1068

发票号码：092372　　2014年3月17日　　仓库：一仓库

材料名称	计量单位	数量		实际采购成本(元)												
		应收	实收	单价	发票金额	运杂费	合计									
							千	百	十	万	千	百	十	元	角	分
大芯板	块	600	600													
装饰板	块	1400	1400													
备注	运费按7%抵扣，并按买价比例分配					合计										

会计：刘明阳　　采购：章涛　　复核：胡建成　　验收：邹宁　　制单：张华

6-4

公路、内河货物运输业统一发票

湖南

发票联

发票代码：233020710302
发票号码：00123001

开票日期：2014-03-17

机打代码 机打号码 机器编号	233020710302 00123001 499100024206	税控码	0109<83<*1+9863+455*61- 826+20*1*8/4- 88<*00173+9034>614+551>8837*183*/6 132/<69>67*<74*+03626+35<*80<3>5/0 5>121190<3>5135*48+01-1— 3/8002//>1-5
收货人及 纳税人识别号	湘潭华美家具厂 5724810566317262	承运人及 纳税人识别号	长沙振远物流公司 830226772334435
发货人及 纳税人识别号	长沙马王堆建材超市 420101021318405	主管税务机关 及代码	长沙市地税局直属分局 833022602
运输项目及金额	货物名称 数量 运价 里程 金额 板材 2000 0.02 50 1000	其他项目及金额	项目 金额 装卸费 200 备注
运费小计	¥1000.00	其他费用小计	¥200.00
合计（大写）	人民币壹仟贰佰元整		（小写）¥1200.00

第一联 发票联 收货方记账凭证

开票人：长沙振远物流公司　　　　承运人盖章：

7-1

4301092372　　**湖南增值税专用发票**　　No 09236174

记账联

开票日期：2014年3月22日

购货单位	名称：岳阳群力家具经销部 纳税人识别号：430104268896354 地址、电话：岳阳市滨湖路72号 0730－2625583 开户行及账号：工行岳阳楼支行 601202547297382		密码区	2489—1<9—7—61596284 8<032/52>9/29533—4974 1626<8—3024>82906—2 —47—6<7>2*—/>*>6		加密版本01 4301092372 09236174	
货物或劳务名称	规格型号	单位	数量	单价	金额	税率	税额
组合柜		个	100	800.00	80 000.00	17%	13 600.00
装饰板		张	100	400.00	40 000.00		6 800.00
合计					¥120 000.00		¥20 400.00
价税合计（大写）	壹拾肆万零肆佰元整				（小写）¥140 400.00		
销货单位	名称：湘潭美华家具厂 纳税人识别号：5724810566317262 地址、电话：湘潭市车站路120号 0731－52625588 开户行及账号：工行雨湖支行 430302195009117		备注				

第四联 记账联 购货方记账凭证

收款人：　　复核：　　开票人：马春生　　销货单位：（章）

7-2

湘潭美华家具厂送货单

购货单位：岳阳群力家具经销部　　2014年3月22日　　编号：07

商品名称	计量单位	数量	单价	金额	备注
组合柜	个	100	800.00	80000.00	单位地址：岳阳市滨湖路72号
办公桌	张	100	400.00	40000.00	电话：0730－2625583
					开户行：工行岳阳楼支行
					账号：601202547297382
合计				120000.00	纳税人识别号：430104268896354

业务员：崔力　　会计：黄晓明　　复核：胡建成　　发货：邹宁　　制单：张华

8-1

美华家具厂产品销售成本计算表

2014年3月25日　　　　元

产品名称	计量单位	销售数量	单位成本	总成本
组合柜	个			
办公桌	张			
合 计	——	——	——	

会计主管：胡建成　　记 账：黄晓明　　复核：胡建成　　制单：刘明阳

9-1

美华家具厂领料单

编号：*1258*

领料部门：**生产车间**　　*2014*年*3*月*28*日　　领料用途：**生产组合柜**

材料编码	材料名称	计量单位	数量		实际单价	金额									
			请领	实领		千	百	十	万	千	百	十	元	角	分
	大芯板	块	*700*	*700*											
	装饰板	块	*300*	*300*											
	乳 胶	桶	*50*	*50*											
附 件：			张	合 计											

第二联：会计部门

会计主管：胡建成　　复 核：胡建成　　发 料：邹 宁　　制 单：刘明阳

9-2

美华家具厂领料单

编号：*1259*

领料部门：**生产车间**　　*2014*年*3*月*28*日　　领料用途：**生产办公桌**

材料编码	材料名称	计量单位	数量		实际单价	金额									
			请领	实领		千	百	十	万	千	百	十	元	角	分
	大芯板	块	*500*	*500*											
	装饰板	块	*400*	*400*											
	乳 胶	桶	*30*	*30*											
附 件：			张	合 计											

第二联：会计部门

会计主管：胡建成　　复 核：胡建成　　发 料：邹 宁　　制 单：刘明阳

10-1

中国工商银行 转账支票存根（湘） VI II 03259714	
附加信息：	
出票日期：2014年3月29日	
收款人	湘潭市电业局
金　额	￥23760.00
用　途	交电费
备　注	
单位主管：胡建成　会　计：黄晓明	
复　核：　　记　账：	

10-2

美华家具厂水电费分配表

2014年3月31日

受　益　部　门	分　配　金　额
生　产　车　间	15 730
企业管理部门	5440
销　售　部　门	2590
合　　计	23 760

会计主管：胡建成　复　核：胡建成　记　账：黄晓明　制　单：刘明阳

11-1

美华家具厂工资与福利费分配计算表

2014年3月31日

部门与人员		工资总额	职工福利费(14%)	合　计
生产车间	组合柜生产工人	185 600		
	办公桌生产工人	114 000		
	车间管理人员	22 000		
企业管理部门人员		26 400		
销售部门人员		14 600		
合　计		362 600		

会计主管：胡建成　复　核：胡建成　记　账：黄晓明　制　单：刘明阳

12-1

美华家具厂固定资产折旧计算表

2014年3月31日

使用部门或用途	月初固定资产原值	年综合折旧率	月折旧额
生产车间	1 042 000	6 %	
行政管理部门	359 700		
销售部门	392 385		
合　计	1 794 085		

会计主管：胡建成　　复 核：胡建成　　记 账：黄晓明　　制 单：刘明阳

13-1

美华家具厂制造费用分配表

2014年3月31日　　元

分 配 对 象	分配标准(工时)	分 配 率	分配金额
组合柜	2600		
办公桌	2400		
合　　计	5000		

会计主管：胡建成　　复 核：胡建成　　记 账：黄晓明　　制 单：刘明阳

14-1

贷款利息计算表

2014年3月31日　　元

贷款项目	贷款期限	本 金	年 利 率	月 利 息 额
流动资金借款	6个月	300000	6%	
合　计				

会计主管：胡建成　　复 核：胡建成　　记 账：黄晓明　　制 单：刘明阳

15-1 结转损益类账户。

三、评价标准

评价项目	分值	评价内容与要求	评分标准
职业道德素养	10	保持工作环境整洁，会计书写规范，资料完整装袋	不整洁扣3分；书写不规范每处扣1分
审核与填制会计凭证	75	要素项目填写完整；科目、方向、金额正确无误；无涂改现象；记账凭证与所付原始凭证匹配；所有相关责任人必须签章	每张记账凭证5分；记账凭证与原始凭证不匹配、记账凭证会计科目填写错误或金额涂改，该笔业务记0分；其他项目每缺少或填错一项扣1分，直至扣完该笔分值；原始凭证中的数据未填写或填写错误每个扣2分
整理装订会计档案	15	会计凭证装订整齐，封面项目填写完整；装订好的记账凭证和未作为附件的原始凭证完整装入档案袋	会计凭证装订5分；未装订凭证扣5分；装订不整齐、松散、或装订不完整扣2分；封面项目填写5分；封面项目未填写扣5分；填写不完整或填写错误每项扣1分，扣完为止；增值税专用发票抵扣联未单独拿出并与记账凭证一起装袋的扣3分
小计	100	—	—

四、训练所需主要材料

通用记账凭证16张，原始凭证粘贴单16张，记账凭证封面、封底各1张，档案袋1个；胶水、裁纸刀、铁夹、大头针、计算器、装订机等。

训练题 12

一、训练项目与任务

（一）填写自制原始凭证

根据所给的送货单填写增值税专用发票，并以相关责任人的身份在相应位置签章。(附注：本任务与本题其他任务不具有相关性。)

（二）开设并登记会计账簿

(1) 根据训练题 11 所给的训练资料以及所编制的记账凭证，开设并登记：① 银行日记账；② “应付职工薪酬”总账；③ “应收账款”和“其他应收款”明细账；④ “应交税费—应交增值税”明细账。

(2) 所有账簿在登记期初余额时，均应在摘要栏填写“承前页”字样；所有账簿在登记本期业务时，均须随时结出余额；所有账簿在进行月末结账时均须结记“本月合计”。

（三）填制纳税申报表

根据训练题 11 所给训练资料以及所编制的记账凭证，以会计主管身份编制湘潭美华家具厂 2014 年 3 月的增值税纳税申报表(填报日期：4 月 9 日)。

（四）整理会计档案资料

将原始凭证、账簿、纳税申报表按顺序整理夹好，一并装袋上交。

二、训练有关资料

湘潭美华家具厂送货单

购货单位：湖南软件职院　　　　2014 年 3 月 15 日　　　　编号：028

商品名称	计量单位	数量	单价	金额	备注
组合柜	个	20	800.00	16000.00	单位地址：湘潭九华宝马西路
办公桌	张	30	400.00	12000.00	电话：0731－52317570
					开户行：建行九华分理处 账号：601202547297382
合计				28000.00	纳税人识别号：430104268896354

业务员：崔力　会计：黄晓明　复核：胡建成　发货：邹宁　制单：张华

4301092372　　**湖南增值税专用发票**　　№ 09236174

湖南 国家税务总局监制

开票日期：　年　月　日　　记账联

购货单位	名称 纳税人识别号 地址、电话 开户行及账号		密码区	2489－1<9－7－61596284 8<032/52>9/29533－4974 1626<8－3024>82906－2 －47－6<7>2*－/>*>6	加密版本 01 4301092372 09236174

货物或劳务名称	规格型号	单位	数量	单价	金额	税率	税额
合计							
价税合计(大写)				(小写)¥			

销货单位	名称 纳税人识别号 地址、电话 开户行及账号		备注	

收款：　　复核：　　开票：　　销货单位(盖章)：

第四联 记账联 销货方记账凭证

三、评价标准

评价项目	分值	评价内容与要求	评分标准
职业道德素养	10	保持工作环境整洁；会计书写规范；资料完整装袋	工作环境不整洁扣 3 分；会计书写不规范每处扣 1 分，装袋不完整每少一项扣 1 分
填制原始凭证	10	项目填制完整、正确；书写规范，字迹可辨	每漏填或错填一项扣 1 分；书写不规范或者字迹不可辨，每项扣 1 分
登记账簿	45	账页格式选取恰当，要素项目填写完整、正确；余额方向、金额、画线正确	每个账户 9 分，账页格式选取正确 1 分；要素项目填写齐全 1 分；日期、凭证字号、摘要填写正确 2 分，余额方向正确 2 分所有金额正确 2 分，画线正确 1 分
编制纳税申报表	10	要素项目与各项金额填写完整正确	要素填写完整 3 分，各项目金额正确 7 分，每错或漏填一处扣 1 分
小计	100		

湘潭美华家具厂
57248105
66317262
发票专用章

四、训练所需主要材料

日记账、总账、应交增值税明细账账页各 1 张，三栏式明细账账页 2 张，增值税纳税申报表 1 张，档案袋 1 个；铁夹、大头针、计算器等。

训 练 题 13

一、训练项目与任务

（一）编制科目汇总表

根据所给经济业务的记账凭证，以会计(制单员)身份编制 2014 年 11 月份科目汇总表(全月汇总一次)。

（二）编制会计报表

(1) 根据所给各账户 2014 年 10 月 31 日余额资料、2014 年 11 月经济业务的记账凭证、2014 年 11 月的科目汇总表，以会计主管身份编制 2014 年 10 月 31 日和 11 月 30 日的资产负债表。

(2) 根据 2014 年 11 月经济业务的记账凭证和科目汇总表，以会计(制单员)身份编制 2014 年 11 月份利润表(采用账结法，只填本期金额)。

（三）整理会计档案资料

将科目汇总表、资产负债表、利润表按顺序整理夹好，一并装袋上交。

二、训练有关资料

（一）企业基本情况

企业名称	湘潭威盛电器厂	法人代表	彭达民
会计人员	主管(复核)：腾文武　会计(制单)：王大伟　出纳：徐骊		

（二）2014 年 10 月 31 日各账户余额

总账科目	明细科目	计量单位	数量	单价	借方余额	贷方金额
库存现金					5000	
银行存款					1 477 220	
应收票据	衡阳新锋电器厂				10 000	
应收账款					83 000	
	湘潭爱信电子公司				53 000	
	湘潭华祥物贸公司				30 000	
坏账准备						50 000
其他应收款					4927	
	怀化升发物流公司				1927	
	易海天				3000	
应收股利					8000	
原材料					448 400	
	电解铝	千克	4600	50	230 000	

	铜　丝	千克	7000	30	210 000	
	其他材料				8400	
库存商品	JC-Y01 探伤仪	台	1000	780	780 000	
生产成本	JC-Y01 探伤仪	台	150		79 320	
固定资产					7 485 000	
累计折旧						1 497 000
长期股权投资					350 000	
无形资产					50 000	
短期借款						50 000
应交税费	应交增值税(进项税额)				28 934	
应付票据	岳阳恒信铝厂					40 000
应付账款	湘潭腾辉物资公司				30 000	
应付职工薪酬						143 800
长期借款						200 000
实收资本						6 624 000
资本公积						1 036 728
盈余公积						645 000
本年利润						580 000
利润分配					26 727	
合　计					10 866 528	10 866 528

(三) 2014年11月经济业务的记账凭证

记　账　凭　证

__字第1号　　　　2014年11月1日　　　　附件 1 张

摘　要	会计科目		借方金额										贷方金额										√
	总账科目	明细科目	千	百	十	万	千	百	十	元	角	分	千	百	十	万	千	百	十	元	角	分	
办理银行汇票	其他货币资金	银行汇票存款			2	0	0	0	0	0	0	0											
	银行存款														2	0	0	0	0	0	0	0	
合　计　金　额				¥	2	0	0	0	0	0	0	0		¥	2	0	0	0	0	0	0	0	

会计主管：腾文武　　出纳：徐骊　　审核：腾文武　　制单：王大伟

记　账　凭　证

__字第2号　　　　2014年11月3日　　　　附件 2 张

摘　要	会计科目		借方金额										贷方金额										√
	总账科目	明细科目	千	百	十	万	千	百	十	元	角	分	千	百	十	万	千	百	十	元	角	分	
收赔偿款	银行存款						1	9	2	7	0	0											
	其他应收款	怀化升发物流															1	9	2	7	0	0	
合　计　金　额						¥	1	9	2	7	0	0				¥	1	9	2	7	0	0	

会计主管：腾文武　　出纳：徐骊　　审核：腾文武　　制单：王大伟

记 账 凭 证

__字 第3号　　　　2014年11月5日　　　　附件 3 张

摘要	总账科目	明细科目	借方金额（千百十万千百十元角分）	贷方金额（千百十万千百十元角分）	√
销售产品	银行存款		46800000		
	主营业务收入			40000000	
	应交税费	应交增值税(销项)		6800000	
合 计 金 额			¥46800000	¥46800000	

会计主管：腾文武　　出纳：徐骊　　审核：腾文武　　制单：王大伟

记 账 凭 证

__字 第4号　　　　2014年11月7日　　　　附件 3 张

摘要	总账科目	明细科目	借方金额（千百十万千百十元角分）	贷方金额（千百十万千百十元角分）	√
购入材料	原材料	铜 丝	4940000		
	应交税费	应交增值税(进项)	839800		
	应付账款	湘潭腾辉物资公司		5779800	
合 计 金 额			¥5779800	¥5779800	

会计主管：腾文武　　出纳：徐骊　　审核：腾文武　　制单：王大伟

记 账 凭 证

__字 第5号　　　　2014年11月10日　　　　附件 2 张

摘要	总账科目	明细科目	借方金额（千百十万千百十元角分）	贷方金额（千百十万千百十元角分）	√
应收票据贴现	银行存款		984722		
	财务费用		15278		
	应收票据	衡阳新锋电器厂		1000000	
合 计 金 额			¥1000000	¥1000000	

会计主管：腾文武　　出纳：徐骊　　审核：腾文武　　制单：王大伟

记 账 凭 证

__字 第6号　　　　2014年11月12日　　　　附件 4 张

摘要	会计科目		借方金额										贷方金额										√
	总账科目	明细科目	千	百	十	万	千	百	十	元	角	分	千	百	十	万	千	百	十	元	角	分	
用银行汇票	在途物资	电解铝			1	5	1	1	1	6	0	0											
采购材料	应交税费	应交增值税(进项)				2	5	5	8	4	0	0											
	银行存款					2	3	3	0	0	0	0											
	其他货币资金														2	0	0	0	0	0	0	0	
合 计 金 额				¥	2	0	0	0	0	0	0	0		¥	2	0	0	0	0	0	0	0	

会计主管：腾文武　　出纳：徐骊　　审核：腾文武　　制单：王大伟

记 账 凭 证

__字 第7号　　　　2014年11月15日　　　　附件 3 张

摘要	会计科目		借方金额										贷方金额										√
	总账科目	明细科目	千	百	十	万	千	百	十	元	角	分	千	百	十	万	千	百	十	元	角	分	
发放上月	应付职工薪酬	工　资			1	4	3	8	0	0	0	0											
工资	其他应付款	养老保险														1	1	5	0	4	0	0	
		医疗保险															2	8	7	6	0	0	
		住房公积金														1	7	2	5	6	0	0	
	银行存款														1	1	2	1	6	4	0	0	
合 计 金 额				¥	1	4	3	8	0	0	0	0		¥	1	4	3	8	0	0	0	0	

会计主管：腾文武　　出纳：徐骊　　审核：腾文武　　制单：王大伟

记 账 凭 证

__字 第8号　　　　2014年11月17日　　　　附件 1 张

摘要	会计科目		借方金额										贷方金额										√
	总账科目	明细科目	千	百	十	万	千	百	十	元	角	分	千	百	十	万	千	百	十	元	角	分	
收回欠款	银行存款					5	3	0	0	0	0	0											
	应收账款	湘潭爱信电子														5	3	0	0	0	0	0	
合 计 金 额					¥	5	3	0	0	0	0	0			¥	5	3	0	0	0	0	0	

会计主管：腾文武　　出纳：徐骊　　审核：腾文武　　制单：王大伟

记 账 凭 证

__字第9号　　　　2014年11月18日　　　　附件 4 张

摘要	会计科目		借方金额										贷方金额										√
	总账科目	明细科目	千	百	十	万	千	百	十	元	角	分	千	百	十	万	千	百	十	元	角	分	
易海天报	管理费用						2	8	5	4	0	0											
差旅费	库存现金							1	4	6	0	0											
	其他应收款																3	0	0	0	0	0	
合计金额						¥	3	0	0	0	0	0				¥	3	0	0	0	0	0	

会计主管：**滕文武**　　出纳：**徐骊**　　审核：**滕文武**　　制单：**王大伟**

记 账 凭 证

__字第10号　　　　2014年11月20日　　　　附件 3 张

摘要	会计科目		借方金额										贷方金额										√
	总账科目	明细科目	千	百	十	万	千	百	十	元	角	分	千	百	十	万	千	百	十	元	角	分	
购生产设备	固定资产				2	6	0	0	0	0	0	0											
	应交税费	应交增值税(进项)				4	4	2	0	0	0	0											
	银行存款														3	0	4	2	0	0	0	0	
合计金额				¥	3	0	4	2	0	0	0	0		¥	3	0	4	2	0	0	0	0	

会计主管：**滕文武**　　出纳：**徐骊**　　审核：**滕文武**　　制单：**王大伟**

记 账 凭 证

__字第11号　　　　2014年11月22日　　　　附件 3 张

摘要	会计科目		借方金额										贷方金额										√
	总账科目	明细科目	千	百	十	万	千	百	十	元	角	分	千	百	十	万	千	百	十	元	角	分	
销售产品	应收账款	吉首民园科技			2	3	4	0	0	0	0	0											
款项未收	主营业务收入														2	0	0	0	0	0	0	0	
	应交税费	应交增值税(销项)														3	4	0	0	0	0	0	
合计金额				¥	2	3	4	0	0	0	0	0		¥	2	3	4	0	0	0	0	0	

会计主管：**滕文武**　　出纳：**徐骊**　　审核：**滕文武**　　制单：**王大伟**

记 账 凭 证

__字 第12号　　　　2014年11月24日　　　　附件 1 张

摘要	会计科目		借方金额										贷方金额										√
	总账科目	明细科目	千	百	十	万	千	百	十	元	角	分	千	百	十	万	千	百	十	元	角	分	
确认坏账	坏账准备					3	0	0	0	0	0	0											
	应收账款	湘潭华翔物贸														3	0	0	0	0	0	0	
合计金额					¥	3	0	0	0	0	0	0			¥	3	0	0	0	0	0	0	

会计主管：腾文武　　出纳：徐骊　　审核：腾文武　　制单：王大伟

记 账 凭 证

__字 第13号　　　　2014年11月26日　　　　附件 1 张

摘要	会计科目		借方金额										贷方金额										√
	总账科目	明细科目	千	百	十	万	千	百	十	元	角	分	千	百	十	万	千	百	十	元	角	分	
材料入库	原材料	电解铝			1	5	1	1	1	6	0	0											
	在途物资	电解铝													1	5	1	1	1	6	0	0	
合计金额				¥	1	5	1	1	1	6	0	0		¥	1	5	1	1	1	6	0	0	

会计主管：腾文武　　出纳：徐骊　　审核：腾文武　　制单：王大伟

记 账 凭 证

__字 第14号　　　　2014年11月27日　　　　附件 1 张

摘要	会计科目		借方金额										贷方金额										√
	总账科目	明细科目	千	百	十	万	千	百	十	元	角	分	千	百	十	万	千	百	十	元	角	分	
发出材料	生产成本				1	6	0	0	0	0	0	0											
	制造费用						4	5	0	0	0	0											
	管理费用						5	8	8	0	0	0											
	原材料	电解铝													1	0	0	0	0	0	0	0	
		铜丝														6	3	0	0	0	0	0	
		其他材料															7	3	8	0	0	0	
合计金额				¥	1	7	0	3	8	0	0	0		¥	1	7	0	3	8	0	0	0	

会计主管：腾文武　　出纳：徐骊　　审核：腾文武　　制单：王大伟

记 账 凭 证

__字第15号　　2014年11月28日　　附件5张

摘要	总账科目	明细科目	借方金额	贷方金额	√
付水电费	制造费用		1073000		
	管理费用		463800		
	销售费用		220400		
	银行存款			1757200	
合 计 金 额			¥1757200	¥1757200	

会计主管：腾文武　　出纳：徐骊　　审核：腾文武　　制单：王大伟

记 账 凭 证

__字第16号　　2014年11月29日　　附件1张

摘要	总账科目	明细科目	借方金额	贷方金额	√
盘亏材料	待处理财产损益		60000		
	原材料	铜　丝		60000	
合 计 金 额			¥60000	¥60000	

会计主管：腾文武　　出纳：徐骊　　审核：腾文武　　制单：王大伟

记 账 凭 证

__字第17号　　2014年11月30日　　附件3张

摘要	总账科目	明细科目	借方金额	贷方金额	√
分配工资	生产成本		11255790		
与福利费	制造费用		1178760		
	管理费用		1907220		
	销售费用		2053482		
	应付职工薪酬	工　资		14381800	
		福利费		2013452	
合 计 金 额			¥16395252	¥16395252	

会计主管：腾文武　　出纳：徐骊　　审核：腾文武　　制单：王大伟

记 账 凭 证

__字第18号　　2014年11月30日　　附件 1 张

摘要	会计科目		借方金额										贷方金额										√
	总账科目	明细科目	千	百	十	万	千	百	十	元	角	分	千	百	十	万	千	百	十	元	角	分	
计提折旧	制造费用					2	2	0	0	0	0	0											
	管理费用					1	3	2	0	0	0	0											
	销售费用						2	2	2	5	0	0											
	累计折旧															3	7	4	2	5	0	0	
合计金额					¥	3	7	4	2	5	0	0			¥	3	7	4	2	5	0	0	

会计主管：**腾文武**　　出纳：**徐骊**　　审核：**腾文武**　　制单：**王大伟**

记 账 凭 证

__字第19号　　2014年11月30日　　附件 1 张

摘要	会计科目		借方金额										贷方金额										√
	总账科目	明细科目	千	百	十	万	千	百	十	元	角	分	千	百	十	万	千	百	十	元	角	分	
分配制造费用	生产成本					4	9	0	1	7	6	0											
	制造费用															4	9	0	1	7	6	0	
合计金额					¥	4	9	0	1	7	6	0			¥	4	9	0	1	7	6	0	

会计主管：**腾文武**　　出纳：**徐骊**　　审核：**腾文武**　　制单：**王大伟**

记 账 凭 证

__字第20号　　2014年11月30日　　附件 1 张

摘要	会计科目		借方金额										贷方金额										√
	总账科目	明细科目	千	百	十	万	千	百	十	元	角	分	千	百	十	万	千	百	十	元	角	分	
结转销售成本	主营业务成本				2	3	4	0	0	0	0	0											
	库存商品														2	3	4	0	0	0	0	0	
合计金额				¥	2	3	4	0	0	0	0	0		¥	2	3	4	0	0	0	0	0	

会计主管：**腾文武**　　出纳：**徐骊**　　审核：**腾文武**　　制单：**王大伟**

记 账 凭 证

__字 第21号　　2014年11月30日　　附件 1 张

摘要	会计科目		借方金额										贷方金额										√
	总账科目	明细科目	千	百	十	万	千	百	十	元	角	分	千	百	十	万	千	百	十	元	角	分	
结转收入	主营业务收入				6	0	0	0	0	0	0	0											
	本年利润														6	0	0	0	0	0	0	0	
合 计 金 额				¥	6	0	0	0	0	0	0	0		¥	6	0	0	0	0	0	0	0	

会计主管：腾文武　　出纳：徐骊　　审核：腾文武　　制单：王大伟

记 账 凭 证

__字 第22号　　2014年11月30日　　附件 1 张

摘要	会计科目		借方金额										贷方金额										√
	总账科目	明细科目	千	百	十	万	千	百	十	元	角	分	千	百	十	万	千	百	十	元	角	分	
结转成本费用	本年利润				3	0	4	7	6	0	8	0											
	主营业务成本														2	3	4	0	0	0	0	0	
	管理费用															4	5	6	4	4	2	0	
	销售费用															2	4	9	6	3	8	2	
	财务费用																	1	5	2	7	8	
合 计 金 额				¥	3	0	4	7	6	0	8	0		¥	3	0	4	7	6	0	8	0	

会计主管：腾文武　　出纳：徐骊　　审核：腾文武　　制单：王大伟

记 账 凭 证

__字 第23号　　2014年11月30日　　附件 1 张

摘要	会计科目		借方金额										贷方金额										√
	总账科目	明细科目	千	百	十	万	千	百	十	元	角	分	千	百	十	万	千	百	十	元	角	分	
计提所得税	所得税费用					7	3	8	0	9	8	0											
	应交税费	应交所得税														7	3	8	0	9	8	0	
合 计 金 额					¥	7	3	8	0	9	8	0			¥	7	3	8	0	9	8	0	

会计主管：腾文武　　出纳：徐骊　　审核：腾文武　　制单：王大伟

记 账 凭 证

__字第24号　　　　2014年11月30日　　　　附件 1 张

摘要	会计科目		借方金额										贷方金额										√
	总账科目	明细科目	千	百	十	万	千	百	十	元	角	分	千	百	十	万	千	百	十	元	角	分	
结转所得税	本年利润					7	3	8	0	9	8	0											
费用	所得税费用															7	3	8	0	9	8	0	
合 计 金 额					¥	7	3	8	0	9	8	0			¥	7	3	8	0	9	8	0	

会计主管：腾文武　　出纳：徐骊　　审核：腾文武　　制单：王大伟

三、评价标准

评价项目	分值	评价内容与要求	评 分 标 准
职业道德素养	10	保持工作环境整洁；会计书写规范；资料完整装袋	工作环境不整洁扣3分；会计书写不规范每处扣1分，装袋不完整每少一项扣1分
编制科目汇总表	40	基本要素填写齐全、正确；科目设置完整、各项金额计算正确、无涂改现象；制表人需签名	借、贷方合计金额不平衡扣10分；会计科目设置不全每缺一个扣2分；金额错误一项扣1分，未签名扣2分
编制资产负债表	40	要素填写齐全、正确；金额计算正确、左右方平衡、无涂改现象；单位负责人、有关责任人均需签名	左右方不平衡扣10分；每缺少或填错一项扣1分(金额为0的项目不填不扣分，但合计数为0的项目除外)
编制利润表	10	要素填写齐全正确；金额计算正确；无涂改现象；有关负责人均需签章	每缺少或填错一项扣1分；金额为0的项目不填不扣分，但利润为0的项目除外
合 计	100		

四、训练所需主要材料

科目汇总表、资产负债表和利润表各 1 张，档案袋 1 个；铁夹、大头针、计算器等。

训 练 题 14

一、训练项目与任务

（一）设置并登记会计账簿

(1) 根据所给记账凭证，设置并登记“银行存款”日记账、“制造费用”总账、“应收账款—湘潭中创电气”和“应交税费—应交增值税”明细账。

(2) 开设账簿登记期初余额时，要在摘要栏填写“承前页”字样；所有账簿月末结账时要结计“本月合计”。

（二）填写原始凭证

以记账员梁涛的身份填写增值税专用发票，并以有关责任人身份在相关位置签章。(附注：本业务与本题其他业务无相关性)

（三）编制纳税申报表

以会计主管孙嘉铭的身份编制 2014 年 6 月的增值税纳税申报表，并以其他责任人的身份在相关位置签章(填制日期：2014 年 7 月 8 日)。

（四）整理装订会计档案

将所有账簿、原始凭证、纳税申报表按顺序整理夹好后，一并装入档案袋上交。

二、训练有关资料

（一）企业基本情况

企业名称	湘潭振华橡塑有限公司	法人代表	伍 铮
企业类型	制造业，增值税一般纳税人，主要产品为工业脚轮		
地址、电话	湘潭九华经开区宝马路 19 号 0731-52722345		
纳税人识别号	5724810566317262		
开户行及账号	工行湘潭九华经开区支行 601112547292282		
会计人员	主管(复核)：孙嘉铭 记账：梁 涛 制单：罗亚平 出纳：何 洁		

（二）有关账户2014年6月30日余额

总账科目	明细科目	借方余额	贷方金额
银行存款		1 294 368.00	
应收账款	湘潭中创电气公司	208 450.00	
其他应收款	株洲公路运输公司	1 927.00	
应交税费	应交增值税（进项税额）	25 500.00	

（三）需要填写的原始凭证资料

湘潭振华橡塑有限公司发货单

购货单位：湘潭中创电气　　2014年7月15日　　编号：028

商品名称	计量单位	数量	单价	金额	备注
5'PU 脚轮	个	4000	40.00	160000.00	单位地址：湘潭高新区格林路1号 电话：0731－52331525 开户行：建行湘潭高新区支行 账号：601202547297382 纳税人识别号：430104268896354
10'PU 脚轮	个	3000	50.00	150000.00	
合计				310000.00	

业务员：崔建鑫　会计：梁涛　复核：孙嘉铭　发货：邹宁　制单：罗亚平

4301092372　　**湖南增值税专用发票**　　№ 09236174

记账联

开票日期：　年　月　日

购货单位	名称 纳税人识别号 地址、电话 开户行及账号		密码区	2489－1<9－7－615 962848<032/52>9/ 29533－49741626< 8－3024>82906－2 －47－6<7>2*	加密版本： 014301092 372092361 74

货物或劳务名称	规格型号	单位	数量	单价	金额	税率	税额
合计							
价税合计(大写)				(小写)¥			

销货单位	名称 纳税人识别号 地址、电话 开户行及账号		备注	

收款：　　复核：　　开票：　　销货单位(盖章)：

第四联　记账联　销货方记账凭证

湘潭振华橡塑有限公司
57248105
66317262
发票专用章

(四) 2014年7月经济业务的记账凭证

记 账 凭 证

__字 第1号　　　　2014年7月1日　　　　附件1张

摘要	会计科目		借方金额										贷方金额										√
	总账科目	明细科目	千	百	十	万	千	百	十	元	角	分	千	百	十	万	千	百	十	元	角	分	
办理银行汇票	其他货币资金				2	0	0	0	0	0	0	0											
	银行存款														2	0	0	0	0	0	0	0	
合 计 金 额				¥	2	0	0	0	0	0	0	0		¥	2	0	0	0	0	0	0	0	

会计主管：孙嘉铭　　出纳：何洁　　审核：孙嘉铭　　制单：罗亚平

记 账 凭 证

__字 第2号　　　　2014年7月3日　　　　附件2张

摘要	会计科目		借方金额										贷方金额										√
	总账科目	明细科目	千	百	十	万	千	百	十	元	角	分	千	百	十	万	千	百	十	元	角	分	
收赔偿款	银行存款						1	9	2	7	0	0											
	其他应收款	株洲公路运输															1	9	2	7	0	0	
合 计 金 额						¥	1	9	2	7	0	0				¥	1	9	2	7	0	0	

会计主管：孙嘉铭　　出纳：何洁　　审核：孙嘉铭　　制单：罗亚平

记 账 凭 证

__字 第3号　　　　2014年7月5日　　　　附件3张

摘要	会计科目		借方金额										贷方金额										√
	总账科目	明细科目	千	百	十	万	千	百	十	元	角	分	千	百	十	万	千	百	十	元	角	分	
销售产品	银行存款				4	6	8	0	0	0	0	0											
	主营业务收入														4	0	0	0	0	0	0	0	
	应交税费	应交增值税(销项)														6	8	0	0	0	0	0	
合 计 金 额				¥	4	6	8	0	0	0	0	0		¥	4	6	8	0	0	0	0	0	

会计主管：孙嘉铭　　出纳：何洁　　审核：孙嘉铭　　制单：罗亚平

记 账 凭 证

__字 第4号　　　　2014年7月6日　　　　附件 3 张

摘要	会计科目		借方金额	贷方金额	√
	总账科目	明细科目	千百十万千百十元角分	千百十万千百十元角分	
购入材料	原材料		4940000		
	应交税费	应交增值税(进项)	839800		
	银行存款			5779800	
合 计 金 额			¥5779800	¥5779800	

会计主管：孙嘉铭　　出纳：何洁　　审核：孙嘉铭　　制单：罗亚平

记 账 凭 证

__字 第5号　　　　2014年7月8日　　　　附件 2 张

摘要	会计科目		借方金额	贷方金额	√
	总账科目	明细科目	千百十万千百十元角分	千百十万千百十元角分	
应收票据贴现	银行存款		984722		
	财务费用		15278		
	应收票据			1000000	
合 计 金 额			¥1000000	¥1000000	

会计主管：孙嘉铭　　出纳：何洁　　审核：孙嘉铭　　制单：罗亚平

记 账 凭 证

__字 第6号　　　　2014年7月11日　　　　附件 4 张

摘要	会计科目		借方金额	贷方金额	√
	总账科目	明细科目	千百十万千百十元角分	千百十万千百十元角分	
用银行汇票	在途物资		15111600		
采购材料	应交税费	应交增值税(进项)	2558400		
	银行存款		2330000		
	其他货币资金			20000000	
合 计 金 额			¥20000000	¥20000000	

会计主管：孙嘉铭　　出纳：何洁　　审核：孙嘉铭　　制单：罗亚平

记 账 凭 证

__字 第7号　　　　2014年7月15日　　　　附件 3 张

摘要	会计科目：总账科目	会计科目：明细科目	借方金额（千百十万千百十元角分）	贷方金额（千百十万千百十元角分）	√
发放上月	应付职工薪酬		14380000		
工资	其他应付款			3163600	
	银行存款			11216400	
合 计 金 额			¥14380000	¥14380000	

会计主管：孙嘉铭　　出纳：何洁　　审核：孙嘉铭　　制单：罗亚平

记 账 凭 证

__字 第8号　　　　2014年7月17日　　　　附件 1 张

摘要	会计科目：总账科目	会计科目：明细科目	借方金额（千百十万千百十元角分）	贷方金额（千百十万千百十元角分）	√
收回欠款	银行存款		30000000		
	应收账款	湘潭中创电气		30000000	
合 计 金 额			¥30000000	¥30000000	

会计主管：孙嘉铭　　出纳：何洁　　审核：孙嘉铭　　制单：罗亚平

记 账 凭 证

__字 第9号　　　　2014年7月18日　　　　附件 4 张

摘要	会计科目：总账科目	会计科目：明细科目	借方金额（千百十万千百十元角分）	贷方金额（千百十万千百十元角分）	√
生产车间购	制造费用	劳保费	285400		
劳保用品	库存现金			285400	
合 计 金 额			¥285400	¥285400	

会计主管：孙嘉铭　　出纳：何洁　　审核：孙嘉铭　　制单：罗亚平

记 账 凭 证

__字第10号　　2014年7月20日　　附件 3 张

摘要	会计科目		借方金额										贷方金额										√
	总账科目	明细科目	千	百	十	万	千	百	十	元	角	分	千	百	十	万	千	百	十	元	角	分	
购生产设备	固定资产				2	6	0	0	0	0	0	0											
	应交税费	应交增值税(进项)				4	4	2	0	0	0	0											
	银行存款														3	0	4	2	0	0	0	0	
合　计　金　额				¥	3	0	4	2	0	0	0	0		¥	3	0	4	2	0	0	0	0	

会计主管：孙嘉铭　　出纳：何洁　　审核：孙嘉铭　　制单：罗亚平

记 账 凭 证

__字第11号　　2014年7月22日　　附件 3 张

摘要	会计科目		借方金额										贷方金额										√
	总账科目	明细科目	千	百	十	万	千	百	十	元	角	分	千	百	十	万	千	百	十	元	角	分	
销售产品	应收账款	湘潭中创电气			2	3	4	0	0	0	0	0											
款项未收	主营业务收入														2	0	0	0	0	0	0	0	
	应交税费	应交增值税(销项)														3	4	0	0	0	0	0	
合　计　金　额				¥	2	3	4	0	0	0	0	0		¥	2	3	4	0	0	0	0	0	

会计主管：孙嘉铭　　出纳：何洁　　审核：孙嘉铭　　制单：罗亚平

记 账 凭 证

__字第12号　　2014年7月24日　　附件 1 张

摘要	会计科目		借方金额										贷方金额										√
	总账科目	明细科目	千	百	十	万	千	百	十	元	角	分	千	百	十	万	千	百	十	元	角	分	
材料入库	原材料				1	5	1	1	1	6	0	0											
	在途物资														1	5	1	1	1	6	0	0	
合　计　金　额				¥	1	5	1	1	1	6	0	0		¥	1	5	1	1	1	6	0	0	

会计主管：孙嘉铭　　出纳：何洁　　审核：孙嘉铭　　制单：罗亚平

记 账 凭 证

__字第13号　　2014年7月26日　　附件 1 张

摘要	会计科目		借方金额										贷方金额										√
	总账科目	明细科目	千	百	十	万	千	百	十	元	角	分	千	百	十	万	千	百	十	元	角	分	
发出材料	生产成本				1	6	0	0	0	0	0	0											
	制造费用	物料消耗					4	5	0	0	0	0											
	管理费用						5	8	8	0	0	0											
	原材料														1	7	0	3	8	0	0	0	
合计金额				¥	1	7	0	3	8	0	0	0		¥	1	7	0	3	8	0	0	0	

会计主管：孙嘉铭　　出纳：何洁　　审核：孙嘉铭　　制单：罗亚平

记 账 凭 证

__字第14号　　2014年7月28日　　附件 5 张

摘要	会计科目		借方金额										贷方金额										√
	总账科目	明细科目	千	百	十	万	千	百	十	元	角	分	千	百	十	万	千	百	十	元	角	分	
付水电费	制造费用	水电费				1	0	7	3	0	0	0											
	管理费用						4	6	3	8	0	0											
	销售费用						2	2	0	4	0	0											
	银行存款															1	7	5	7	2	0	0	
合计金额					¥	1	7	5	7	2	0	0			¥	1	7	5	7	2	0	0	

会计主管：孙嘉铭　　出纳：何洁　　审核：孙嘉铭　　制单：罗亚平

记 账 凭 证

__字第15号　　2014年7月29日　　附件 1 张

摘要	会计科目		借方金额										贷方金额										√
	总账科目	明细科目	千	百	十	万	千	百	十	元	角	分	千	百	十	万	千	百	十	元	角	分	
盘亏材料	待处理财产损益							6	0	0	0	0											
	原材料																	6	0	0	0	0	
合计金额							¥	6	0	0	0	0					¥	6	0	0	0	0	

会计主管：孙嘉铭　　出纳：何洁　　审核：孙嘉铭　　制单：罗亚平

记 账 凭 证

__字 第16号　　　　2014年7月30日　　　　附件 3 张

摘 要	会计科目		借方金额										贷方金额										√
	总账科目	明细科目	千	百	十	万	千	百	十	元	角	分	千	百	十	万	千	百	十	元	角	分	
分配工资	生产成本				1	1	2	5	5	7	9	0											
与福利费	制造费用	工资与福利费				1	1	7	8	7	6	0											
	管理费用					1	9	0	7	2	2	0											
	销售费用					2	0	5	3	4	8	2											
	应付职工薪酬	工资与福利费													1	6	3	9	5	2	5	2	
合 计 金 额				¥	1	6	3	9	5	2	5	2		¥	1	6	3	9	5	2	5	2	

会计主管：孙嘉铭　　出纳：何洁　　审核：孙嘉铭　　制单：罗亚平

记 账 凭 证

__字 第17号　　　　2014年7月30日　　　　附件 1 张

摘 要	会计科目		借方金额										贷方金额										√
	总账科目	明细科目	千	百	十	万	千	百	十	元	角	分	千	百	十	万	千	百	十	元	角	分	
计提折旧	制造费用	折旧费				2	2	0	0	0	0	0											
	管理费用					1	3	2	0	0	0	0											
	销售费用						2	2	2	5	0	0											
	累计折旧															3	7	4	2	5	0	0	
合 计 金 额					¥	3	7	4	2	5	0	0			¥	3	7	4	2	5	0	0	

会计主管：孙嘉铭　　出纳：何洁　　审核：孙嘉铭　　制单：罗亚平

记 账 凭 证

__字 第18号　　　　2014年7月30日　　　　附件 1 张

摘 要	会计科目		借方金额										贷方金额										√
	总账科目	明细科目	千	百	十	万	千	百	十	元	角	分	千	百	十	万	千	百	十	元	角	分	
分配制造费用	生产成本					5	1	8	7	1	6	0											
	制造费用															5	1	8	7	1	6	0	
合 计 金 额					¥	5	1	8	7	1	6	0			¥	5	1	8	7	1	6	0	

会计主管：孙嘉铭　　出纳：何洁　　审核：孙嘉铭　　制单：罗亚平

记 账 凭 证

__字第19号　　　　2014年7月30日　　　　附件1张

摘要	会计科目		借方金额										贷方金额										√
	总账科目	明细科目	千	百	十	万	千	百	十	元	角	分	千	百	十	万	千	百	十	元	角	分	
结转完工产品	库存商品				2	5	1	8	7	1	6	0											
成本	生产成本														2	5	1	8	7	1	6	0	
合计金额				¥	2	5	1	8	7	1	6	0		¥	2	5	1	8	7	1	6	0	

会计主管：孙嘉铭　　出纳：何洁　　审核：孙嘉铭　　制单：罗亚平

记 账 凭 证

__字第20号　　　　2014年7月30日　　　　附件1张

摘要	会计科目		借方金额										贷方金额										√
	总账科目	明细科目	千	百	十	万	千	百	十	元	角	分	千	百	十	万	千	百	十	元	角	分	
结转销售成本	主营业务成本				2	3	4	0	0	0	0	0											
	库存商品														2	3	4	0	0	0	0	0	
合计金额				¥	2	3	4	0	0	0	0	0		¥	2	3	4	0	0	0	0	0	

会计主管：孙嘉铭　　出纳：何洁　　审核：孙嘉铭　　制单：罗亚平

记 账 凭 证

__字第21号　　　　2014年7月30日　　　　附件1张

摘要	会计科目		借方金额										贷方金额										√
	总账科目	明细科目	千	百	十	万	千	百	十	元	角	分	千	百	十	万	千	百	十	元	角	分	
结转收入	主营业务收入				6	0	0	0	0	0	0	0											
	本年利润														6	0	0	0	0	0	0	0	
合计金额				¥	6	0	0	0	0	0	0	0		¥	6	0	0	0	0	0	0	0	

会计主管：孙嘉铭　　出纳：何洁　　审核：孙嘉铭　　制单：罗亚平

记 账 凭 证

__字 第22号　　　　2014年7月30日　　　　附件 1 张

摘要	会计科目		借方金额										贷方金额										√
	总账科目	明细科目	千	百	十	万	千	百	十	元	角	分	千	百	十	万	千	百	十	元	角	分	
结转成本费用	本年利润				3	0	1	9	0	6	8	0											
	主营业务成本														2	3	4	0	0	0	0	0	
	管理费用															4	2	7	9	0	2	0	
	销售费用															2	4	9	6	3	8	2	
	财务费用																	1	5	2	7	8	
合 计 金 额				¥	3	0	1	9	0	6	8	0		¥	3	0	1	9	0	6	8	0	

会计主管：孙嘉铭　　出纳：何洁　　审核：孙嘉铭　　制单：罗亚平

记 账 凭 证

__字 第23号　　　　2014年7月30日　　　　附件 1 张

摘要	会计科目		借方金额										贷方金额										√
	总账科目	明细科目	千	百	十	万	千	百	十	元	角	分	千	百	十	万	千	百	十	元	角	分	
计提所得税	所得税费用					7	4	5	2	3	3	0											
	应交税费	应交所得税														7	4	5	2	3	3	0	
合 计 金 额					¥	7	4	5	2	3	3	0			¥	7	4	5	2	3	3	0	

会计主管：孙嘉铭　　出纳：何洁　　审核：孙嘉铭　　制单：罗亚平

记 账 凭 证

__字 第24号　　　　2014年7月30日　　　　附件 1 张

摘要	会计科目		借方金额										贷方金额										√
	总账科目	明细科目	千	百	十	万	千	百	十	元	角	分	千	百	十	万	千	百	十	元	角	分	
结转所得税	本年利润					7	4	5	2	3	3	0											
费用	所得税费用															7	4	5	2	3	3	0	
合 计 金 额					¥	7	4	5	2	3	3	0			¥	7	4	5	2	3	3	0	

会计主管：孙嘉铭　　出纳：何洁　　审核：孙嘉铭　　制单：罗亚平

三、评价标准

评价项目	分值	评价内容与要求	评 分 标 准
职业道德素养	10	保持工作环境整洁，会计书写规范，资料完整装袋	工作环境不整洁扣 3 分；会计书写不规范每处扣 1 分，装袋不完整每少一项扣 1 分
填制原始凭证	12	项目填制完整、正确；书写规范，字迹可辨	每漏填或错填一项扣 1 分；书写不规范或者字迹不可辨，每项扣 1 分
登记账簿	56	账页格式选取恰当，要素项目填写完整、正确；余额方向、金额、画线正确	每个账户 14 分。每发生一项错填或漏填扣 0.5 分，直至扣完规定分值
编制纳税申报表	22	要素项目与各项金额填写完整正确	每错填或漏填一处扣 1 分，直至扣完规定分值
合 计	100		

四、训练所需主要材料

银行日记账、总分类账、三栏式明细账、应交增值税明细账账页各 1 张，增值税纳税申报表 1 张，档案袋 1 个；铁夹、大头针、计算器等。

训 练 题 15

一、训练项目与任务

（一）填制会计凭证

(1) 以会计（制单）身份填制或完善所给第 11～14 笔经济业务的原始凭证，并以所有有关责任人的身份在相应位置签章。

(2) 根据所填制或完善的原始凭证，以会计（制单）身份编制第 11～14 笔经济业务的记账凭证。在编制记账凭证时，所有科目均须填写明细科目，所编制的记账凭证要接续所给出的记账凭证进行连续编号。

（二）登记会计账簿

根据所给出和所编制的记账凭证，设置并登记“管理费用”、“库存商品—5 英寸酚醛脚轮”、“生产成本—5 英寸酚醛脚轮”明细账，并进行月末结账。在开设账户登记期初余额时，须在摘要栏填写“承前页”；月末结账时须结记“本月合计”。

（三）整理会计档案资料

将会计凭证和账簿按顺序整理夹好，一并装入档案袋上交。

二、训练有关资料

（一）企业基本情况

企业名称	湘潭振华橡塑有限公司
企业类型	制造业私营企业，增值税一般纳税人，主要产品为酚醛工业脚轮
会计人员	主管(复核)：孙嘉铭　记 账：梁 涛　制 单：罗亚平　出纳：何 洁

（二）有关账户 2014 年 6 月 30 日余额资料

1.“库存商品”明细账户余额资料

商品名称	计量单位	库存数量	单位成本/元	库存金额/元
5 英寸酚醛脚轮	个	20000	8.50	170 000.00
10 英寸酚醛脚轮	个	18000	11.60	208 800.00
合计金额/元	—	—	—	378 800.00

2.“生产成本”明细账户余额资料

产品名称	计量单位	在产品数量	生产成本/元			合计
			直接材料	直接人工	制造费用	
5 英寸酚醛脚轮	个	5000	10 500.00	8400.00	2100.00	21 000.00
10 英寸酚醛脚轮	个	8000	18 600.00	14 880.00	3720.00	37 200.00
合 计	—	—	29 100.00	23 280.00	5820.00	58 200.00

（三）2014 年 7 月发生经济业务的会计凭证

记　账　凭　证

记 字第1号　　　　　　2014 年 7 月 1 日　　　　　　附件 1 张

摘要	会计科目		借方金额										贷方金额										√
	总账科目	明细科目	千	百	十	万	千	百	十	元	角	分	千	百	十	万	千	百	十	元	角	分	
行政科购	管理费用	办公费					3	3	6	7	0	0											
办公用品	库存现金																3	3	6	7	0	0	
合　计　金　额						¥	3	3	6	7	0	0				¥	3	3	6	7	0	0	

会计主管：孙嘉铭　　出纳：何洁　　审核：孙嘉铭　　制单：罗亚平

记　账　凭　证

记 字第 2 号　　　　　　2014 年 7 月 4 日　　　　　　附件 3 张

摘要	会计科目		借方金额										贷方金额										√
	总账科目	明细科目	千	百	十	万	千	百	十	元	角	分	千	百	十	万	千	百	十	元	角	分	
销售产品	银行存款				4	6	8	0	0	0	0	0											
	主营业务收入														4	0	0	0	0	0	0	0	
	应交税费	应交增值税(销项)														6	8	0	0	0	0	0	
合　计　金　额				¥	4	6	8	0	0	0	0	0		¥	4	6	8	0	0	0	0	0	

会计主管：孙嘉铭　　出纳：何洁　　审核：孙嘉铭　　制单：罗亚平

附件：发票列明 5 英寸酚醛轮 10000 个，单价 24 元；10 英寸酚醛轮 5000 个，单价 32 元。

记　账　凭　证

记 字第 3 号　　　　　　2014 年 7 月 7 日　　　　　　附件 3 张

摘要	会计科目		借方金额										贷方金额										√
	总账科目	明细科目	千	百	十	万	千	百	十	元	角	分	千	百	十	万	千	百	十	元	角	分	
发上月工资	应付职工薪酬				1	4	3	8	0	0	0	0											
	其他应付款															3	1	6	3	6	0	0	
	银行存款														1	1	2	1	6	4	0	0	
合　计　金　额				¥	1	4	3	8	0	0	0	0		¥	1	4	3	8	0	0	0	0	

会计主管：孙嘉铭　　出纳：何洁　　审核：孙嘉铭　　制单：罗亚平

记 账 凭 证

记 字第 4 号　　　　2014年7月10日　　　　附件 1 张

摘要	会计科目		借方金额										贷方金额										√
	总账科目	明细科目	千	百	十	万	千	百	十	元	角	分	千	百	十	万	千	百	十	元	角	分	
公司办李阳	管理费用	差旅费					3	2	6	5	0	0											
报差旅费	其他应收款																3	0	0	0	0	0	
	库存现金																	2	6	5	0	0	
合 计 金 额						¥	3	2	6	5	0	0				¥	3	2	6	5	0	0	

会计主管：孙嘉铭　　出纳：何洁　　审核：孙嘉铭　　制单：罗亚平

记 账 凭 证

记 字第 5 号　　　　2014年7月15日　　　　附件 1 张

摘要	会计科目		借方金额										贷方金额										√
	总账科目	明细科目	千	百	十	万	千	百	十	元	角	分	千	百	十	万	千	百	十	元	角	分	
领用材料	生产成本	5吋酚醛轮			1	0	5	2	0	0	0	0											
		10吋酚醛轮			1	3	0	7	0	0	0	0											
	制造费用						6	3	4	0	0	0											
	管理费用	物料消耗					2	7	5	0	0	0											
	原材料														2	4	4	9	9	0	0	0	
合 计 金 额				¥	2	4	4	9	9	0	0	0		¥	2	4	4	9	9	0	0	0	

会计主管：孙嘉铭　　出纳：何洁　　审核：孙嘉铭　　制单：罗亚平

记 账 凭 证

记 字第 6 号　　　　2014年7月18日　　　　附件 2 张

摘要	会计科目		借方金额										贷方金额										√
	总账科目	明细科目	千	百	十	万	千	百	十	元	角	分	千	百	十	万	千	百	十	元	角	分	
销售产品	应收账款				3	2	7	6	0	0	0	0											
	主营业务收入														2	8	0	0	0	0	0	0	
	应交税费	应交增值税(销项)														4	7	6	0	0	0	0	
合 计 金 额				¥	3	2	7	6	0	0	0	0		¥	3	2	7	6	0	0	0	0	

会计主管：孙嘉铭　　出纳：何洁　　审核：孙嘉铭　　制单：罗亚平

附件：① 发票列明5英寸酚醛轮5000个，单价24元；② 10英寸酚醛轮5000个，单价32元。

记 账 凭 证

记 字第 7 号　　　　2014年7月21日　　　　附件 1 张

摘要	会计科目		借方金额										贷方金额										√
	总账科目	明细科目	千	百	十	万	千	百	十	元	角	分	千	百	十	万	千	百	十	元	角	分	
公司办报	管理费用	业务费					1	1	8	8	0	0											
业务招待费	库存现金																1	1	8	8	0	0	
合计金额						¥	1	1	8	8	0	0				¥	1	1	8	8	0	0	

会计主管：孙嘉铭　　出纳：何洁　　审核：孙嘉铭　　制单：罗亚平

记 账 凭 证

记 字第 8 号　　　　2014年7月24日　　　　附件 2 张

摘要	会计科目		借方金额										贷方金额										√
	总账科目	明细科目	千	百	十	万	千	百	十	元	角	分	千	百	十	万	千	百	十	元	角	分	
生产车间	制造费用						2	8	5	4	0	0											
购劳保用品	银行存款																2	8	5	4	0	0	
合计金额						¥	2	8	5	4	0	0				¥	2	8	5	4	0	0	

会计主管：孙嘉铭　　出纳：何洁　　审核：孙嘉铭　　制单：罗亚平

记 账 凭 证

记 字第 9 号　　　　2014年7月28日　　　　附件 2 张

摘要	会计科目		借方金额										贷方金额										√
	总账科目	明细科目	千	百	十	万	千	百	十	元	角	分	千	百	十	万	千	百	十	元	角	分	
付水电费	制造费用					1	0	8	2	0	0	0											
	管理费用						4	7	5	0	0	0											
	银行存款															1	5	5	7	0	0	0	
合计金额					¥	1	5	5	7	0	0	0			¥	1	5	5	7	0	0	0	

会计主管：孙嘉铭　　出纳：何洁　　审核：孙嘉铭　　制单：罗亚平

记 账 凭 证

__字第10号　　2014年7月30日　　附件 1 张

摘要	会计科目		借方金额										贷方金额										√
	总账科目	明细科目	千	百	十	万	千	百	十	元	角	分	千	百	十	万	千	百	十	元	角	分	
计提折旧	制造费用	折旧费				2	2	0	0	0	0	0											
	管理费用					1	3	2	0	0	0	0											
	累计折旧															3	5	2	0	0	0	0	
合 计 金 额					¥	3	5	2	0	0	0	0			¥	3	5	2	0	0	0	0	

会计主管：孙嘉铭　　出纳：何洁　　审核：孙嘉铭　　制单：罗亚平

11-1

工资与福利费分配计算表

2014年7月31日　　元

部门与人员		应付工资	福利费（14%）	合 计
生产车间	生产工人	139 600		
	车间管理人员	27 000		
企业管理部门人员		46 400		
合 计		213 000		

会计主管：　　复 核：　　记 账：　　制 单：

11-2

生产工人工资与福利费分配计算表

2014年7月31日　　元

分配对象	分配标准（工时）	分配率	分配金额
5吋酚醛轮	4500		
10吋酚醛轮	5500		
合 计	10000	—	

会计主管：　　复 核：　　记 账：　　制 单：

12-1

制造费用分配计算表

2014年7月31日　　元

分配对象	分配标准（工时）	分配率	分配金额
5吋酚醛轮	4500		
10吋酚醛轮	5500		
合 计	10 000	—	

会计主管：　　复 核：　　记 账：　　制 单：

13-1 产品成本计算单

产品名称：5吋酚醛轮　　　　2014年7月31日　　　　元

计 算 步 骤	成本项目			合 计
	直接材料	直接人工	制造费用	
期初在产品成本	10 500.00	8400.00	2100.00	21 000.00
本月投入生产成本				
生产成本合计				
月末在产品成本	19 400.00	15 520.00	3880.00	38 800.00
本月完工产品总成本				
完工产品单位成本	—	—	—	

会计主管：　　　　复 核：　　　　记 账：　　　　制 单：

附注：5英寸酚醛轮本月完工20000个。

13-2 产品成本计算单

产品名称：10吋酚醛轮　　　　2014年7月31日　　　　元

计 算 步 骤	成本项目			合 计
	直接材料	直接人工	制造费用	
期初在产品成本	18 600.00	14 880.00	3720.00	37 200.00
本月投入生产成本				
生产成本合计				
月末在产品成本	20 600.00	16 480.00	4120.00	41 200.00
本月完工产品总成本				
完工产品单位成本	—	—	—	

会计主管：　　　　复 核：　　　　记 账：　　　　制 单：

附注：10英寸酚醛轮本月完工21000个

13-3 产 品 入 库 单

2014年7月31日　　　　元

产品名称	计量单位	入库数量	单位成本	总 成 本
合 计	—	—	—	

会计主管：　　　　复 核：　　　　记 账：　　　　制 单：

14-1 产品销售成本计算单

2014年7月31日　　　　元

产品名称	计量单位	销售数量	加权平均单位成本	总 成 本
合 计	—	—	—	

会计主管：　　　　复 核：　　　　记 账：　　　　制 单：

三、评价标准

评价项目	分值	评价内容与要求	评 分 标 准
职业道德素养	10	保持工作环境整洁，会计书写规范，资料完整装袋	工作环境不整洁扣 3 分；会计书写不规范每处扣 1 分，装袋不完整每少一项扣 1 分
填制原始凭证	45	项目填制完整、正确；书写规范，金额准确	产品成本计算单每张 10 分，其余每张 5 分；漏填或错填、书写不规范、字迹不可辨每项扣 1 分
登记账簿	45	账页格式选取恰当，要素项目填写完整、正确；余额方向、金额、画线正确	每个账户 15 分，账页格式选取不当扣 2 分；每发生一项错填或漏填扣 1 分，直至扣完规定分值
合 计	100		

四、训练所需主要材料

通用记账凭证 4 张，多栏式和数量金额式明细账、生产成本明细账账页各 1 张，档案袋 1 个；裁纸刀、胶水、大头针、计算器等。

训练题 16

一、训练项目与任务

(一) 填制并审核会计凭证

(1) 根据所给经济业务的原始凭证，将未填制完整的原始凭证填制完整，并以相关责任人身份在原始凭证上签章。

(2) 根据所给经济业务的原始凭证或原始凭证汇总表，以制单员的身份填制记账凭证，并以所有相关责任人身份在每张记账凭证上签章。其中，“原材料”、“材料成本差异”、“应交税费”、“生产成本”、“库存商品”科目必须填写明细科目。

(二) 开设并登记会计账簿

根据所给出和所填制的会计凭证，开设并登记：“原材料”和“材料成本差异”总分类账；“原材料—Q12 生铁”明细分类账。

(三) 整理装订会计档案

将记账凭证按编号顺序整理夹好，与未粘贴单据和会计账簿一并装入档案袋上交。

二、训练有关资料

（一）企业基本情况

企 业 名 称	湖南长虹铸造有限公司
主 要 产 品	球墨铸铁管件
存货核算方法	1. 原材料按计划成本核算 2. 库存商品按实际成本核算，发出商品采用移动加权平均法计价
账务处理程序	记账凭证账务处理程序
会计岗位人员	主管 (审核)：刘雅娟　记账：祝建国　制单：胡玉兰　出纳：曾 洁

（二）有关账户2014年8月31日余额资料

1.“原材料”账户余额资料

材料品种	计量单位	库存数量	计划成本(元)	
			单位成本	总成本
Q12生铁	吨	200	2100.00	420 000.00
75#硅铁粉	吨	5	5400.00	27 000.00
球化剂	吨	2	7200.00	14 400.00
一级铸造焦炭	吨	50	1200.00	60 000.00
合计	—	—	—	521 400.00

2. 材料成本差异”账户期末贷方余额16 250元

3. 库存商品”账户余额资料

商品名称	计量单位	库存数量	单位成本(元)	金额(元)
Dn200球墨铸铁管	吨	400	2480.00	992 000.00
Dn300球墨铸铁管	吨	500	2560.00	1 280 000.00
合计	—	—	—	2 272 000.00

（三）2014 年 9 月所发生经济业务的原始凭证

1-1

4301092372　　　　**湖南增值税专用发票**　　　　No 09236174

发票联

（全国统一发票监制章 湖南 国家税务总局监制）

开票日期：2014 年 9 月 1 日

购货单位	名称 纳税人识别号 地址、电话 开户行及账号	湖南长虹铸造有限公司 5724810566317262 湘潭市板马路 90 号 0731 - 52625588 工行岳塘支行 430302195009117	密码区	2489—1<9—7—61596284 8<032/52>9/29533—4974 1626<8—3024>82906—2 —47—6<7>2*—/>*>6

加密版本 01　4301092372　09236174

货物或劳务名称	规格型号	单位	数量	单价	金额	税率	税额
生铁	Q12	吨	100	2 050.00	205 000.00	17%	34 850.00
硅铁粉	75#	吨	5	5 500.00	27 500.00		4 675.00
合计					¥ 232 500.00		¥ 39 525.00
价税合计(大写)	**贰拾柒万贰仟零贰拾伍元整**				(小写)¥ 272 025.00		

销货单位	名称 纳税人识别号 地址、电话 开户行及账号	湘潭振兴冶炼厂 420101021318405 湘潭泗洲路 110 号 0731-5553182 工行岳塘支行 9026723145351126	备注	

（湘潭振兴冶炼厂 57248105 66317262 发票专用章）

收款人：　　复核：　　开票人：蔡辉　　销货单位：（章）

第三联 发票联 购货方记账凭证

1-2

4301092372　　　　**湖南增值税专用发票**　　　　No 09236174

抵扣联

（全国统一发票监制章 湖南 国家税务总局监制）

开票日期：2014 年 9 月 1 日

购货单位	名称 纳税人识别号 地址、电话 开户行及账号	湖南长虹铸造有限公司 5724810566317262 湘潭市板马路 90 号 0731 - 52625588 工行岳塘支行 430302195009117	密码区	2489—1<9—7—61596284 8<032/52>9/29533—4974 1626<8—3024>82906—2 —47—6<7>2*—/>*>6

加密版本 01　4301092372　09236174

货物或劳务名称	规格型号	单位	数量	单价	金额	税率	税额
生铁	Q12	吨	100	2 050.00	205 000.00	17%	34 850.00
硅铁粉	75#	吨	5	5 500.00	27 500.00		4 675.00
合计					¥ 232 500.00		¥ 39 525.00
价税合计(大写)	**贰拾柒万贰仟零贰拾伍元整**				(小写)¥ 272 025.00		

销货单位	名称 纳税人识别号 地址、电话 开户行及账号	湘潭振兴冶炼厂 420101021318405 湘潭泗洲路 110 号 0731-5553182 工行岳塘支行 9026723145351126	备注	

（湘潭振兴冶炼厂 57248105 66317262 发票专用章）

收款人：　　复核：　　开票人：蔡辉　　销货单位(章)

第二联 抵扣联 购货方抵扣凭证

1-3

中国工商银行
转账支票存根（湘）
Ⅵ Ⅱ 03259713

附加信息：

出票日期：*2014*年 *9*月 *1*日

收款人	湘潭振兴冶炼厂
金　额	*¥272 025.00*
用　途	购材料
备　注	

单位主管：刘雅娟　会　计：曾洁

1-4

长虹铸造公司材料入库单

供应单位：湘潭市振兴冶炼厂　　　　　　　　　　　编号：1068
发票号码：090101　　　　　2014 年 9 月 1 日　　　　　仓库：一仓库

材料名称	规格型号	计量单位	数量		实际采购成本(元)				计划成本(元)		材料成本差异
			应收	实收	单价	发票金额	运杂费	小计	单位成本	总成本	
生铁	Q12	吨	*100*	*100*							
硅铁粉	75#	吨	*5*	*5*							
合　计											

会计：　　　采购：章涛　　复核：　　　验收：邹宁　　制单：

2-1

长虹铸造公司产品出库单

请发部门：销售科　　　　　　　　　　　　　　　编号：0905
发票号码：090501　　　　　2014 年 9 月 5 日　　　　　仓库：二仓库

产品名称	规格型号	计量单位	请发数量	实发数量	购货单位信息
球铁铸管	Dn200	吨	*300*	*300*	企业名：湘潭县大兴工程公司 纳税人识别号：420101021318405 地址：九华经开区江南大道 10 号 电话：0731-5553184 开户行：工行九华支行 账号：9026723145351126
球铁铸管	Dn300	吨	*400*	*400*	

仓库主管：谢中和　　业务员：胡剑　　保管：刘啸成　　提货：王强

2-2

4309082372　　**湖南增值税专用发票**　　№ 29286176

记账联

全国统一发票监制章 湖南 国家税务总局监制

开票日期：2014 年 9 月 10 日

购货单位	名称	湘潭县大兴工程公司			密码区	2489－1＜9－7－61596284 8＜032/52＞9/29533－4974 1626＜8－3024＞82906－2 －47－6＜7＞2*－/＞*＞6		加密版本 01 4301092372 09236174
	纳税人识别号	420101021318405						
	地址、电话	九华经开区江南大道 10 号 0731-5553184						
	开户行及账号	工行九华支行 9026723145351126						
货物或劳务名称	规格型号	单位	数量	单价	金额	税率	税额	
球墨铸铁水管	Dn200 Dn300	吨 吨	300 400	3 100.00 3 400.00	930 000.00 1 360 000.00	17%	158 100.00 231 200.00	
合计					¥2 290 000.00		¥389 300.00	
价税合计(大写)	贰佰陆拾柒万玖仟叁佰元整				(小写)¥2 679 300.00			
销货单位	名称	湖南长虹铸造有限公司			备注			
	纳税人识别号	572481056631726 2						
	地址、电话	湘潭市板马路 90 号 0731 - 52625588						
	开户行及账号	工行岳塘支行 430302195009117						

第四联 记账联 销货方记账凭证

湖南长虹铸造有限公司 57248105 66317262 发票专用章

收款人：　　复核：　　开票人：蔡辉　　销货单位：（章）

2-3

银行进账单（收账通知）　**3**　　XV79448102

2014 年 9 月 10 日

收款人	全称	湖南长虹铸造有限公司	付款人	全称	湘潭县大兴工程公司
	账号	420101021318405		账号	430302195009117
	开户行	工行湘潭市岳塘支行		开户行	工商银行湘潭九华支行
金额	金额(大写)	贰佰陆拾万元整			千百十万千百十元角分 ¥ 2 6 0 0 0 0 0 0 0
票据种类	支票	票据张数	壹张		
票据号码	ⅥⅡ04258710				
备注：归还欠款　复核：　记账：			开户银行签章		

中国工商银行 湘潭九华支行 2014.09.10 转讫

3-1

长虹铸造公司材料入库单

供应单位：湘潭市华翔物资贸易公司　　编号：1069

发票号码：090101　　2014 年 9 月 15 日　　仓库：一仓库

材料名称	规格型号	计量单位	数量		实际采购成本(元)				计划成本(元)		材料成本差异
			应收	实收	单价	发票金额	运杂费	小计	单位成本	总成本	
球化剂		吨	2	2							
合计											

会计：　　采购：章涛　　复核：　　验收：邹宁　　制单：

3-2

4301092372 **湖南增值税专用发票** No 09236174

（全国统一发票监制章 发票联 湖南 国家税务总局监制）

开票日期：2014年9月15日

购货单位	名称	湖南长虹铸造有限公司			密码区	2489−1<9−7−61596284 8<032/52>9/29533−4974 1626<8−3024>82906−2 −47−6<7>2*−/>*>6	加密版本01 4301092372 09236174
	纳税人识别号	5724810566317262					
	地址、电话	湘潭市板马路90号 0731－52625588					
	开户行及账号	工行岳塘支行 430302195009117					
货物或劳务名称	规格型号	单位	数量	单价	金额	税率	税额
球化剂	硅镁铁合金	吨	2	6900.00	13 800.00	17%	2346.00
合计					¥13 800.00		¥2346.00
价税合计(大写)	壹万陆仟壹佰肆拾陆元整				(小写)¥**16 146.00**		
销货单位	名称	湘潭华翔物资贸易公司	备注				
	纳税人识别号	420101031427336					
	地址、电话	湘潭市建设南路88号 0731-5253095					
	开户行及账号	工行岳塘支行 8127723342411123					

（湘潭振兴冶铸厂 5724810566317262 发票专用章）

收款人： 复核： 开票人：蔡辉 销货单位：（章）

第三联 发票联 购货方记账凭证

3-3

4301092372 **湖南增值税专用发票** No 09236174

（全国统一发票监制章 抵扣联 湖南 国家税务总局监制）

开票日期：2014年9月15日

购货单位	名称	湖南长虹铸造有限公司			密码区	2489−1<9−7−61596284 8<032/52>9/29533−4974 1626<8−3024>82906−2 −47−6<7>2*−/>*>6	加密版本01 4301092372 09236174
	纳税人识别号	5724810566317262					
	地址、电话	湘潭市板马路90号 0731－52625588					
	开户行及账号	工行岳塘支行 430302195009117					
货物或劳务名称	规格型号	单位	数量	单价	金额	税率	税额
球化剂	硅镁铁合金	吨	2	6900.00	13 800.00	17%	2346.00
合计					¥13 800.00		¥2346.00
价税合计(大写)	壹万陆仟壹佰肆拾陆元整				(小写)¥**16 146.00**		
销货单位	名称	湘潭华翔物资贸易公司	备注				
	纳税人识别号	420101031427336					
	地址、电话	湘潭市建设南路88号 0731-5253095					
	开户行及账号	工行岳塘支行 8127723342411123					

（湘潭振兴冶铸厂 5724810566317262 发票专用章）

收款人： 复核： 开票人：蔡辉 销货单位（章）

第二联 抵扣联 购货方抵扣凭证

3-4

中国工商银行 转账支票存根（湘） VI II 03259714	
附加信息：	
出票日期：2014年9月15日	
收款人	湘潭华翔物资贸易公司
金　额	￥16 146.00
用　途	购材料
备　注	
单位主管：刘雅娟　会　计：曾洁	

4-1

4309082372　　**湖南增值税专用发票**　　No 29286176

记　账　联

全国统一发票监制章 湖南 国家税务总局监制

开票日期：2014年9月20日

购货单位	名称 纳税人识别号 地址、电话 开户行及账号	湘潭县响水工程公司 420101321418462 湘潭县响水镇　0731-5553184 工行响水分理处 8325732347212846			密码区	2489−1<9−7−61596284 8<032/52>9/29533−4974 1626<8−3024>82906−2 −47−6<7>2*−/>*>6		加密版本01 4301092372 09236174
货物或劳务名称		规格型号	单位	数量	单价	金额	税率	税额
球墨铸铁水管		Dn200 Dn300	吨 吨	200 200	3100.00 3400.00	620 000.00 680 000.00	17%	105 400.00 115 600.00
合　计						￥1 300 000.00		￥221 000.00
价税合计(大写)		壹佰伍拾贰万壹仟元整				(小写)￥1 521 000.00		
销货单位	名称 纳税人识别号 地址、电话 开户行及账号	湖南长虹铸造有限公司 5724810566317262 湘潭市板马路90号 0731－52625588 工行岳塘支行　430302195009117			备注	湖南长虹铸造有限公司 57248105 66317262 发票专用章		

第四联 记账联 销货方记账凭证

收款人：　　复　核：　　开票人：蔡辉　　销货单位：（章）

4-2

长虹铸造公司产品出库单

请发部门：销售科　　编号：0906

发票号码：29286176　　2014年9月20日　　仓库：二仓库

产品名称	规格型号	计量单位	请发数量	实发数量	购货单位信息
球铁铸管	Dn200	吨	200	200	企业名称：湘潭县响水工程公司 纳税识别号：420101321418462 地址、电话：湘潭县响水镇 5553184 开户银行：工行响水分理处 银行账号：8325732347212846
球铁铸管	Dn300	吨	200	200	

仓库主管：谢中和　　业务员：胡剑　　保管：刘啸成　　提货：王强

5-1

长虹铸造公司领料凭证汇总表

用途：产品生产

编号：0901　　　　2014年9月30日　　　　元

材料名称	规格型号	计量单位	领用数量	计划单价	计划成本
生　铁	Q 12	吨	190		
硅铁粉	75 #	吨	8		
球 化 剂	硅镁铁合金	吨	2		
铸造焦炭	一级	吨	2		
合　计	—	—	—	—	

会计主管：　　复 核：　　记 账：　　制 单：

5-2

长虹铸造公司材料费用分配计算表

2014年9月30日　　　　元

产 品 品 种	分配标准 (完工产品重量)	分 配 率	应分配费用额
Dn200 球墨铸管	90 吨		
Dn300 球墨铸管	110 吨		
合　计	200 吨	—	

会计主管：　　复 核：　　记 账：　　制 单：

6-1

长虹铸造公司材料费用调整计算表

2014年9月30日　　　　元

产 品 品 种	产量 (吨)	本月材料费用的计划成本	本月原材料成本差异率	应调整费用额	本月材料费用的实际成本
Dn200 球墨铸管	90				
Dn300 球墨铸管	110				
合　计	200		—		

会计主管：　　复 核：　　记 账：　　制 单：

7-1

产品成本计算单

产品名称：Dn200 球墨铸管　　　　2014 年 9 月 30 日　　　　元

计 算 步 骤	成 本 项 目			合 计
	直接材料	直接人工	制造费用	
期初在产品成本	0.00	0.00	0.00	0.00
本月投入生产成本		21 382.00	10 215.00	
生产成本合计				
月末在产品成本	0.00	0.00	0.00	0.00
本月完工产品总成本				
完工产品单位成本	—	—	—	

会计主管：　　　　复 核：　　　　记 账：　　　　制 单：

7-2

产品成本计算单

产品名称：Dn300 球墨铸管　　　　2014 年 9 月 30 日　　　　元

计 算 步 骤	成 本 项 目			合 计
	直接材料	直接人工	制造费用	
期初在产品成本	0.00	0.00	0.00	37 200.00
本月投入生产成本		22 594.00	14 045.00	
生产成本合计				
月末在产品成本	0.00	0.00	0.00	0.00
本月完工产品总成本				
完工产品单位成本	—	—	—	

会计主管：　　　　复 核：　　　　记 账：　　　　制 单：

7-3

产 品 入 库 单

2014 年 9 月 30 日　　　　元

产品名称	计量单位	入库数量	单位成本	总 成 本
合 计	—	—	—	

会计主管：　　　　复 核：　　　　记 账：　　　　制 单：

8-1

产品销售成本计算单

2014 年 9 月 30 日　　　　元

产品名称	计量单位	销售数量	加权平均单位成本	总 成 本
合 计	—	—	—	

会计主管：　　　　复 核：　　　　记 账：　　　　制 单：

三、评价标准

评价项目	分值	评价内容与要求	评 分 标 准
职业 道德素养	10	保持工作环境整洁，会计书写规范,资料完整装袋	工作环境不整洁扣 3 分；会计书写不规范每处扣 1 分；装袋不完整每少一项扣 1 分
填 制 原始凭证	45	项目填制完整、正确；书写规范，金额准确	每张原始凭证 5 分；漏填或错填、书写不规范、字迹不可辨每处扣 1 分
编 制 记账凭证	30	项目填写完整、正确；书写规范；科目、方向、金额准确无误	每张凭证 4 分，错、漏每处扣 1 分
登记账簿	15	账页格式选取恰当，要素项目填写完整、正确；余额方向、金额、画线正确	每个账户 5 分，账页格式选取不当扣 2 分；每发生一项错填或漏填扣 1 分，直至扣完规定分值
合 计	100		

四、训练所需主要材料

通用记账凭证 8 张，总分类账页 2 张，数量金额式明细账页 1 张，档案袋 1 个；裁纸刀、胶水、大头针、计算器等。

训练题17

一、训练项目与任务

(一) 填制并审核会计凭证

(1) 根据所给企业2014年7月发生的部分经济业务的原始凭证或原始凭证汇总表，以相关责任人身份完善有关的原始凭证并签章。

(2) 根据所给企业2014年7月发生的部分经济业务的原始凭证或原始凭证汇总表，以会计(制单)身份填制记账凭证。其中，“原材料”、“应交税费”、“应付职工薪酬”和“应收账款”科目要求填写明细科目，每张记账凭证均需相关责任人签章。

（二）登记会计账簿

(1) 根据所给企业2014年6月30日的账户余额资料，开设银行存款日记账，登记余额时在摘要栏填写“承前页”字样。

(2) 根据所给2014年7月份经济业务的原始凭证与所编制的记账凭证，登记银行存款日记账并做月结。

（三）整理装订会计档案

(1) 以会计(制单)身份整理装订会计凭证并填写会计凭证封面，装订日期为2014年8月3日。

(2) 将未装订单据整理夹好，与记账凭证一并装入档案袋上交。

二、训练有关资料

（一）企业基本情况

企业名称	湖南华强汽车电器有限公司
企业类型	制造业，增值税一般纳税人
产品类型	小型乘用车油箱传感器
法人代表	何 易 生
地址、电话	湘潭市九华经济开发区吉利东路，0731-52347888
开户银行、账号	工商银行湘潭九华支行，账号：19010110092259
纳税人识别号	431103748241898
适用税率	货物增值税率17%，运费增值税率11%，企业所得税税率25%。
会计岗位及人员	财务主管(审核)：王湘琳　会计(制单)：刘巧萍　出纳：陈小曼
存货核算方法	按实际成本核算，发出存货采用先进先出法计价。

（二）2014 年 6 月 30 日有关账户余额资料

总账科目	明细科目	借方余额	贷方金额
银行存款		1 524 688.00	
应收票据	湘潭吉利汽车公司	100 000.00	
应收账款	湘潭华翔汽车配件经营部	44 730.00	
其他应收款		6228.00	
	广州南方物流公司	1228.00	
	何易生	5000.00	
无形资产	专利权	500 000.00	
应付职工薪酬			540 234.00
	工　资		153 814.00
	福利费		386 420.00

（三）2014年7月部分经济业务的原始凭证

1-1

无形资产出资协议

甲方：湖南吉利汽车工业有限公司

乙方：湖南华强汽车电器有限公司

经双方协商决定，乙方接受甲方小型汽车扭矩传感器生产专利技术一项作为投资，期限3年，专利价值及出资额以会计师事务所对该项专利评估价值为准。

本协议自双方签字开始生效。

甲方：　湖南吉利汽车工业有限公司　　乙方：湖南华强汽车电器有限公司

法定代表人：张富海　　法定代表人：何易生

2014年7月1日　　2014年7月1日

1-2

湘潭精诚会计师事务所文件

评估字[2014]第138号

资产评估报告

湖南华强汽车电器有限公司：

我所受贵单位委托，依据《中华人民共和国国有资产评估管理办法》、《中华人民共和国注册会计师法》和《企业会计准则》之有关规定，对贵公司接受湖南吉利汽车工业有限公司投入的小型汽车扭矩传感器生产专利技术一项进行了评估。现确认该生产专利技术的市场价值为人民币壹拾万元整。

评估员：江帆

中国注册会计师：张军　　湘潭精诚会计师事务所（章）

2014年7月1日

2-1

中国工商银行 现金支票存根（湘） ⅥⅡ01643656	
附加信息：	
出票日期：2014年7月4日	
收款人	本单位
金　额	¥5000.00
用　途	备用金
备　注	
主管：王湘琳　会计：陈小曼	
复核：　记账：	

3-1

中国工商银行信汇凭证(收账通知)

委托日期：2014年7月7日

<table>
<tr><td rowspan="3">收款人</td><td>全 称</td><td colspan="3">湖南华强汽车电器公司</td><td rowspan="3">汇款人</td><td>全 称</td><td colspan="3">广州南方物流公司</td></tr>
<tr><td>账号或住址</td><td colspan="3">19010110092259</td><td>账号或住址</td><td colspan="3">900804267563878263</td></tr>
<tr><td>汇入地点</td><td>湘潭市</td><td>汇入行</td><td>工行九华支行</td><td>汇出地点</td><td>广州市</td><td>汇入行</td><td>工行市分行</td></tr>
<tr><td rowspan="2">金额</td><td rowspan="2">人民币（大写）</td><td colspan="6" rowspan="2">壹仟贰佰贰拾捌元整</td><td colspan="2">千 百 十 万 千 百 十 元 角 分</td></tr>
<tr><td colspan="2">¥ 1 2 2 8 0 0</td></tr>
<tr><td colspan="7">汇款用途：赔偿款</td><td colspan="3" rowspan="3">汇出行盖章
2014年7月7日</td></tr>
<tr><td colspan="7">上列款项已根据委托办理，如需查询，请持此回单来行面洽。</td></tr>
<tr><td colspan="7">单位主管：　会计：　复核：　记账：</td></tr>
</table>

中国工商银行 广州市分行 2014.07.07

4-1

材料入库单

供应单位：湘潭金松物资公司　　编号：0709

发票号码：08219305　　2014年7月8日　　仓库：材料库

材料名称	规格型号	计量单位	数量		实际采购成本(元)			
			应收	实收	单价	发票金额	运杂费	小计
合　计								

会计：　采购：章涛　复核：　验收：邹宁　制单：

4-2

4301092372 **湖南增值税专用发票** № 09236174

全国统一发票监制章 发票联 湖南 国家税务总局监制

开票日期：2014 年 7 月 8 日

购货单位	名称 纳税人识别号 地址、电话 开户行及账号	湖南华强汽车电器有限公司 431103748241898 湘潭九华经济开发区吉利东路 0731-52347888 工行九华支行 19010110092259			密码区	2489—1<9—7—61596284 8<032/52>9/29533—4974 1626<8—3024>82906—2 —47—6<7>2*—/>*>6		加密版本 01 4301092372 09236174
货物或劳务名称	规格型号	单位	数量	单价		金额	税率	税额
铸造锌合金	0#	吨	2	18 000.00		36 000.00	17%	6120.00
合计						¥36 000.00		¥6120.00
价税合计(大写)	肆万贰仟壹佰贰拾元整					(小写)¥42 120.00		
销货单位	名称 纳税人识别号 地址、电话 开户行及账号	湘潭金松物资贸易公司 420101031427336 湘潭市建设南路 88 号 0731-5253095 工行岳塘支行 8127723342411123			备注	湘潭金松物资贸易公司 57248105 66317262 发票专用章		

第三联 发票联 购货方记账凭证

收款人： 复核： 开票人：蔡辉 销货单位：(章)

4-3

4301092372 **湖南增值税专用发票** № 09236174

全国统一发票监制章 抵扣联 湖南 国家税务总局监制

开票日期：2014 年 7 月 8 日

购货单位	名称 纳税人识别号 地址、电话 开户行及账号	湖南华强汽车电器有限公司 431103748241898 湘潭九华经济开发区吉利东路 0731-52347888 工行九华支行 19010110092259			密码区	2489—1<9—7—61596284 8<032/52>9/29533—4974 1626<8—3024>82906—2 —47—6<7>2*—/>*>6		加密版本 01 4301092372 09236174
货物或劳务名称	规格型号	单位	数量	单价		金额	税率	税额
铸造锌合金	0#	吨	2	18 000.00		36 000.00	17%	6120.00
合计						¥36 000.00		¥6120.00
价税合计(大写)	肆万贰仟壹佰贰拾元整					(小写)¥42 120.00		
销货单位	名称 纳税人识别号 地址、电话 开户行及账号	湘潭金松物资贸易公司 420101031427336 湘潭市建设南路 88 号 0731-5253095 工行岳塘支行 8127723342411123			备注	湘潭金松物资贸易公司 57248105 66317262 发票专用章		

第二联 抵扣联 购货方抵扣凭证

收款人： 复核： 开票人：蔡辉 销货单位(章)

4-4

中国工商银行 转账支票存根（湘） ⅥⅡ01558406 附加信息： 出票日期：*2014*年*07*月*08*日	
收款人	湘潭金松物贸公司
金　额	*¥42 120.00*
用　途	购材料
备　注	
主管：王湘琳　会计：陈小曼	
复核：　　记账：	

5-1

华强汽车电器公司工资表

2014年7月10日　　　　元

账号	姓名	应发工资	代扣五险一金	实发工资
1001	张 娟	5124.00	700.00	4 300.00
1002	李 蓬	2762.00	280.00	1 720.00
1003	赵 琴	2454.00	280.00	1 720.00
1004	李 勇	2698.00	280.00	1 720.00
…	…	…	…	…
合计		153 814.00	21 533.96	132 280.04

复核：王湘琳　　　　制单：刘巧萍

5-2

中国工商银行 转账支票存根（湘） ⅥⅡ01558407 附加信息： 出票日期：*2014*年*07*月*10*日	
收款人	本单位职工工资户
金　额	*¥13 2280.04*
用　途	发工资
备　注	
主管：王湘琳　会计：陈小曼	
复核：　　记账：	

6-1

中国工商银行汇票委托书(存　根)　　NO.51675368

委托日期：2014年 7月 11日

汇 款 人	湖南华强汽车电器公司			收 款 人	广州恒信实业公司
账号或住址	19010101110092259			账号或住址	3602020222208
兑付地点	广州市	兑付行	工行越秀营业部	汇款用途	购买材料
汇款金额（大 写）	伍拾万元整				亿 千 百 十 万 千 百 十 元 角 分 ¥ 5 0 0 0 0 0 0 0
备 注： 科 目：				对方科目： 财务主管：　复 核：　记账：	

工商银行湘潭九华支行 2014.07.11 业务专用章

此联由汇款人留存作记帐凭证

7-1

差 旅 费 报 销 单

单位：公司办　　填报日期 ：2014年 7月 13日　　元

姓 名	何易生	职级	总经理	出差事由	开会	出差地点	北 京	出差时间	计划 10 天 实际 7 天

日 期		起 止 地 点		飞机、车、船票		其 他 费 用				
月	日	起	止	类别	金额	项 目		标准	计算天数	核报金额
7	13	长沙	北京	飞机	1100	住宿费	包干报销	300	6	1800.00
7	19	北京	长沙	飞机	1100		限额报销			
						住 勤 补 助 费		50	5	250.00
						路 途 补 助 费		80	2	160.00
						其 他 杂 支				264.00
小 计					2200	小 计				2474.00
总计金额(大写)	零万肆仟陆佰柒拾肆元零角零分					预支 5000.00 核销 4674.00 退补 326.00				

财务主管：王湘琳　　部门领导：　　审 核：刘巧萍　　填报人：何易生

7-2

收 款 收 据

2014年 7月 13日

今收到： 何 易 生　交来：预借差旅费退补　款项	
金 额(大写)：人民币叁佰贰拾陆元整	¥ 326.00
备 注：	现金收讫

财务主管：王湘琳　　出纳：陈小曼　　审 核：刘巧萍　　交款人：何易生

8-1

4309082372　　　　**湖南增值税专用发票**　　　　№ 29286176

记账联

开票日期：2014 年 7 月 15 日

购货单位	名　　称	湘潭华翔汽车配件经营部			密码区	2489—1<9—7—61596284 8<032/52>9/29533—4974 1626<8—3024>82906—2 —47—6<7>2*—/>*>6		加密版本 01 4301092372 09236174
	纳税人识别号	420101321418462						
	地址、电话	湘潭市解放路 23 号　0731-5553184						
	开户行及账号	工行解放路分理处 8325732347212846						
货物或劳务名称	规格型号	单位	数量	单 价		金 额	税率	税 额
油箱传感器	长安福特	个	200	50.00		10 000.00		1 700.00
	东风标识	个	200	60.00		12 000.00	17%	2 040.00
合　计						¥ 22 000.00		¥ 3 740.00
价税合计(大写)	**贰万伍仟柒佰肆拾元整**					(小写) **¥ 25 740.00**		
销货单位	名　　称	湖南华强汽车电器有限公司			备注			
	纳税人识别号	431103748241898						
	地址、电话	湘潭九华经济开发区吉利东路 0731-52347888						
	开户行及账号	工行九华支行 19010110092259						

第一联　记账联　销货方记账凭证

收款人：　　　　复 核：　　　　开票人：蔡 辉　　　　销货单位：(章)

8-2

华强公司产品出库单

请发部门：**销售科**　　　　　　　　编号：*0701*

发票号码：*29286176*　　　　*2014* 年 *7* 月 *15* 日　　　　仓库：二仓库

产品名称	规格型号	计量单位	请发数量	实发数量	购货单位信息
油箱传感器	**长安福特**	个	*200*	*200*	单位名称：湘潭华翔汽车配件经营部
油箱传感器	**东风标致**	个	*200*	*200*	纳税人识别号：420101321418462
					地址：湘潭市解放路 23 号 电话： 0731-5553184
					开户行：工行解放路分理处 账号：8325732347212846

仓库主管：谢中和　　　　业务员：胡 剑　　　　保 管：刘啸成　　　　提 货：王 强

8-3

银行进账单（收账通知）　**3**　　XV79448102

2014 年 *7* 月 *15* 日

收款人	全　称	湖南华强汽车电器有限公司	付款人	全　称	湘潭华翔汽配经营部
	账　号	*19010110092259*		账　号	*8325732347212846*
	开户行	工行湘潭市九华支行		开户行	工商银行湘潭解放路分理处
金额	金　额(大写)	柒万元整		千 百 十 万 千 百 十 元 角 分	¥ 7 0 0 0 0 0 0
票据种类	支　票	票据张数	壹张		
票据号码	*VI II04258710*				
备注：**销售款**　　复核：　　记账：			开户银行签章		

中国工商银行
湘潭九华支行
2014.07.15
转　讫

9-1

123000552021 **广东省增值税专用发票** № 00055551

全国统一发票监制章 广东 国家税务总局监制

发票联

开票日期：2014年7月18日

购货单位	名称 纳税人识别号 地址、电话 开户行及账号	湖南华强汽车电器有限公司 431103748241898 湘潭九华经济开发区吉利东路0731-52347888 工行九华支行 19010110092259		密码区	2489－1<9－7－61596284 8<032/52>9/29533－4974 1626<8－3024>82906－2 －47－6<7>2*－/>*>6		加密版本01 4301092372 09236174
货物或劳务名称	规格型号	单位	数量	单价	金额	税率	税额
电解铜		**吨**	5	80 000.00	400 000.00	17%	68 000.00
合计					¥400 000.00		¥68 000.00
价税合计(大写)	**肆拾陆万捌仟元整**				(小写)¥**468 000.00**		
销货单位	名称 纳税人识别号 地址、电话 开户行及账号	广州恒信实业公司 201235647851255 广州市越秀路35号 020-55569863 工商银行越秀营业部 3602020222008		备注	广州恒信实业公司 20123564 7851255 发票专用章		

收款人： 复核： 开票人：赵春雷 销货单位：(章)

第三联 发票联 购货方记账凭证

9-2

123000552021 **广东省增值税专用发票** № 00055551

全国统一发票监制章 广东 国家税务总局监制

抵扣联

开票日期：2014年7月18日

购货单位	名称 纳税人识别号 地址、电话 开户行及账号	湖南华强汽车电器有限公司 431103748241898 湘潭九华经济开发区吉利东路0731-52347888 工行九华支行 19010110092259		密码区	2489－1<9－7－61596284 8<032/52>9/29533－4974 1626<8－3024>82906－2 －47－6<7>2*－/>*>6		加密版本01 4301092372 09236174
货物或劳务名称	规格型号	单位	数量	单价	金额	税率	税额
电解铜		**吨**	5	80 000.00	400 000.00	17%	68 000.00
合计					¥400 000.00		¥68 000.00
价税合计(大写)	**肆拾陆万捌仟元整**				(小写)¥**468 000.00**		
销货单位	名称 纳税人识别号 地址、电话 开户行及账号	广州恒信实业公司 201235647851255 广州市越秀路35号 020-55569863 工商银行越秀营业部 3602020222008		备注	广州恒信实业公司 20123564 7851255 发票专用章		

收款人： 复核： 开票人：蔡辉 销货单位(章)

第二联 抵扣联 购货方抵扣凭证

9-3

4300133760 **广东省货物运输业增值税专用发票** No 00010265

全国统一发票监制章 广东 国家税务总局监制

抵扣联

开票日期：2014年7月18日

承运人及 纳税人识别号	广州速达物流公司 *201234827125512*	密码区	039*0—7＞*＞953*35/*57＞＜114284＞1032 ＞13＞1032*1711/2*2-2/139471*7/*095802＞ 6*＞358-095*＞0130457/209*54＞085*＜/5- 24*60897＞663/701/21＞092/42/100
受票方及 纳税人识别号	湖南华强汽车电器公司 *431103748241898*		
收货人及 纳税人识别号	湖南华强汽车电器公司 *431103748241898*	发货人及 纳税人识别号	广州恒信实业公司 *201235647851255*
起运地、经由、到达地	由广州到湘潭		
费用项目 及金额	费用项目 计量单位 单价 数量 金额 运费 吨.公里 *5.62* *5×654* *18 337.40*	运输货物信息	电解铝
合计金额	*¥18 337.40* 税率 11% 税额 *¥2 021.51*	机器编号	
价税合计(大写)	**贰万零叁佰伍拾捌元玖角壹分**	(小写)	*¥20 358.91*
车种车号	陕汽重卡，粤A-16M10 吨位 15	备注	
主管税务机关 及代码	广州市越秀区国税局第一税务分局 143080200		

广州速达物流公司 201234827125512 发票专用章

收款人： 复核人： 开票人：方志 承运人：(章)

第二联 抵扣联 受票方抵扣凭证

9-4

4300133760 **广东省货物运输业增值税专用发票** No 00010265

全国统一发票监制章 广东 国家税务总局监制

发票联

开票日期：2014年7月18日

承运人及 纳税人识别号	广州速达物流公司 *201234827125512*	密码区	039*0—7＞*＞953*35/*57＞＜114284＞1032 ＞13＞1032*1711/2*2-2/139471*7/*095802＞ 6*＞358-095*＞0130457/209*54＞085*＜/5- 24*60897＞663/701/21＞092/42/100
受票方及 纳税人识别号	湖南华强汽车电器公司 *431103748241898*		
收货人及 纳税人识别号	湖南华强汽车电器公司 *431103748241898*	发货人及 纳税人识别号	广州恒信实业公司 *201235647851255*
起运地、经由、到达地	由广州到湘潭		
费用项目 及金额	费用项目 计量单位 单价 数量 金额 运费 吨.公里 *5.62* *5×654* *18 337.40*	运输货物信息	电解铝
合计金额	*¥18 337.40* 税率 11% 税额 *¥2 021.51*	机器编号	
价税合计(大写)	**贰万零叁佰伍拾捌元玖角壹分**	(小写)	*¥20 358.91*
车种车号	陕汽重卡，粤A-16M10 吨位 15	备注	
主管税务机关 及代码	广州市越秀区国税局第一税务分局 143080200		

广州速达物流公司 201234827125512 发票专用章

收款人： 复核人： 开票人：方志 承运人：(章)

第三联 发票联 受票方记账凭证

9-5

OL240005-0101117　　**中国人民保险公司运输保险发票**　　0091668

（印章：全国统一发票监制章 广东 发票联 地方税务总局监制）

客户:湖南华强汽车电器有限公司　　2014 年 7 月 18 号　　地址:湘潭市九华吉利东路

险种名称	财产保险	保单号码	0091668									
收款项目	摘　要		金　额									
			千	百	十	万	千	百	十	元	角	分
保　费	20天					¥	1	0	0	0	0	0
合计金额(大写)	壹仟元整					¥	1	0	0	0	0	0
说　明：本票限于财产保险收取保险费使用，保费已用银行汇票付讫。												

（印章：中国人民保险公司广州分公司 430181 10263034 业务章）

收款单位章（未盖章无效）：　　开票人：：金泽中　　收款人：万胜利

9-6

ⅢXI 00448978

中国工商银行　　第 112 号

银行汇票（解讫通知）3

出票日期（大写）：贰零壹肆年零柒月壹拾捌日

代理付款行：中国工商银行广州越秀营业部　行号：410

收款人：	广州恒信实业公司	账号：9870461472243115839										
			千	百	十	万	千	百	十	元	角	分
出票金额	人民币(大写)	伍拾万元整		¥	5	0	0	0	0	0	0	0
			千	百	十	万	千	百	十	元	角	分
实际结算金额	人民币(大写)	肆拾捌万玖仟叁佰伍拾捌元玖角壹分		¥	4	8	9	3	5	8	9	1

申请人：中华机械厂　　账号或住址：19010110092259

出票行：工行湘潭九华支行

行　号：

备　注：货款及运费凭票付款

多余金额										科　目(借)： 对方科目(贷)： 兑付日期：2014 年 11 月 08 日
千	百	十	万	千	百	十	元	角	分	
		¥	1	0	6	4	1	0	9	复核　　记账

出票行签章　（印章：中国工商银行 湘潭九华支行 2014.07.18 转讫）

此联代理付款行兑付后随抱单寄出票行，由出票行作多余款贷方凭证

10-1

中国工商银行贴现凭证(收账通知)4

填写日期： *2014*年*7*月*20*日　　　　　　第811号

贴现汇票	种　类	商业承兑	号码	*849206066*	申请人 全　称	湖南华强汽车电器有限公司
	出票日	2014年06月07日			账　号	*19010110092259*
	到期日	2014年12月07日			开户行	工行湘潭九华支行
承兑人名称	湖南吉利汽车工业集团	账号	19010110092259		开户行	工行九华支行
汇票金额	人民币(大写)：**壹拾万元整**				千百十万千百十元角分	¥ *1 0 0 0 0 0 0 0*
贴现率(年)	6 %	贴现利息	千百十万千百十十元角 ¥ *7 0 6 8 5*		实付贴现金额	千百十万千百十元角分 ¥ *9 9 2 9 3 1 5*
上述款项已转入你单位账户 此致 银行盖章 2014年7月20日					备注：	

中国工商银行湘潭九华支行 业务章

11-1

材 料 入 库 单

供应单位：广州恒信实业公司　　　　　　编号：*0710*

发票号码：*00055551*　　　　*2014*年*7*月*22*日　　　　仓库：材料库

材料名称	规格型号	计量单位	数量		实际采购成本(元)			
			应收	实收	单价	发票金额	运杂费	小计
电解铝		**吨**	*5*	*5*				
合　计								

会 计：　　　采 购：章 涛　　复 核：　　　验 收：邹 宁　　制 单：

12-1

固定资产验收单

*2014*年*7*月*25*日　　　　　　编号：001

名称及型号	单 位	数量	原始价值	已提折旧	来源方式
YM-1压模机	台	1	80 000.00	0	购买
建造单位	建造年份	出厂号	预计使用年限	投资单位	协商价格
郑州华盛机床厂	2013年5月	5322	8	——	——
使用部门	生产车间				

12-2

321475680022　　**河南省增值税专用发票**　　№ 77260023

发 票 联

开票日期：2014 年 7 月 22 日

购货单位	名　称 纳税人识别号 地址、电话 开户行及账号	湖南华强汽车电器有限公司 431103748241898 湘潭九华经济开发区吉利东路 0731-52347888 工行九华支行 19010110092259			密码区	2489－1<9－7－61596284 8<032/52>9/29533－4974 1626<8－3024>82906－2 －47－6<7>2*－/>*>6		加密版本 01 4301092372 09236174
货物或劳务名称	规格型号	单位	数量	单　价		金　额	税率	税　额
压膜机	YM-1	台	1	80 000.00		80 000.00	17%	13 600.00
合　计						¥ 80 000.00		¥ 13 600.00
价税合计(大写)	**玖万叁仟陆佰元整**					(小写)¥ **93 600.00**		
销货单位	名　称 纳税人识别号 地址、电话 开户行及账号	郑州华盛机床厂 701235647851202 郑州市二七路 172 号 026-65569861 工商银行二七支行 1602020333028			备注			

收款人：　　复　核：　　开票人：赵春雷　　销货单位：(章)

第三联 发票联 购货方记账凭证

12-3

321475680022　　**河南省增值税专用发票**　　No 77260023

抵 扣 联

开票日期：2014 年 7 月 22 日

购货单位	名　称 纳税人识别号 地址、电话 开户行及账号	湖南华强汽车电器有限公司 431103748241898 湘潭九华经济开发区吉利东路 0731-52347888 工行九华支行 19010110092259			密码区	2489－1<9－7－61596284 8<032/52>9/29533－4974 1626<8－3024>82906－2 －47－6<7>2*－/>*>6		加密版本 01 4301092372 09236174
货物或劳务名称	规格型号	单位	数量	单　价		金　额	税率	税　额
压膜机	YM-1	台	1	80 000.00		80 000.00	17%	13 600.00
合　计						¥ 80 000.00		¥ 13 600.00
价税合计(大写)	**玖万叁仟陆佰元整**					(小写)¥ **93 600.00**		
销货单位	名　称 纳税人识别号 地址、电话 开户行及账号	郑州华盛机床厂 701235647851202 郑州市二七路 172 号 026-65569861 工商银行二七支行 1602020333028			备注			

收款人：　　复　核：　　开票人：蔡辉　　销货单位(章)

第二联 抵扣联 购货方抵扣凭证

12-4

中国工商银行信汇凭证(付款通知)

委托日期：2014 年 7 月 22 日

收款人	全 称	郑州华盛机床厂		汇款人	全 称	湖南华强汽车电器公司		
	账号或住址	*1602020333028*			账号或住址	*19010110092259*		
	汇入地点	郑州市	汇入行 工行二七支行		汇入行	湘潭市	汇入行	工行九华支行
金额	人民币(大写)	玖万叁仟陆佰元整				千百十万千百十元角分		¥ 9 3 6 0 0 0 0
汇款用途：**购买机器设备款**								
上列款项已根据委托办理，如需查询，请持此回单来行面洽。						汇出行盖章 2014年07月22日		
单位主管：	会计：	复核：	记账：					

中国工商银行 湘潭九华支行 2014.07.22

13-1

工商银行湘潭九华支行业务收费凭证 No. 256847

2014 年 7 月 23 日

户 名	湖南华强汽车电器有限公司	付款账号	19010110092259
费用项目	金 额	币种：人民币	
邮电费 手续费 收费类型	43.50 35.50 信 汇	会计分录： 借： 贷：	
合计金额	(小写)：¥79.00	(大写)：柒拾玖元整	

第四联 客户回单

中国工商银行 湘潭九华支行 2014.07.22

14-1

银行进账单(收账通知) 3 XV79448102

2014 年 *7* 月 *26* 日

收款人	全 称	湖南华强汽车电器有限公司		付款人	全 称	长沙黎托农用车厂
	账 号	*19010110092259*			账 号	*4323746443302938*
	开户行	工行湘潭市九华支行			开户行	工商银行黎托分理处
金额	金 额(大写)	陆万贰仟元整			千百十万千百十元角分	¥ 6 2 0 0 0 0 0
票据种类	汇 票	票据张数	壹张			
票据号码	*VI II05672312*					
备注：收回坏账	复核：	记账：		开户银行签章		

中国工商银行 湘潭九华支行 2014.07.26 转 讫

15-1

委托收款凭证（付款通知） 5

№ 00050341

委托日期：2014 年 7 月 28 日

付款人	全　称	湖南华强汽车电器有限公司	收款人	全　称	湘潭市电业局
	帐　号	*19010110092259*		帐　号	*800043297809011*
	开户行	工商银行湘潭九华支行		开户行	工商银行湘潭雨湖支行
托收金额	人民币（大写）贰万肆仟元整			￥*24000.00*	
托收款项内容	电　费	委托收款凭据	委托收款合同	附寄单证张数	
备　注：		付款人注意： 1、应于见票当日通知开户银行划款。 2、如需拒付，应在规定期限内，将拒付理由书并附债务证明退交开户银行。			

此联付款人开户银行给付款人按期付款的通知

中国工商银行 湘潭九华支行 2014.07.28 转讫

单位主管：　　会计：　　复核：　　记账：　　付款人开户银行盖章：

15-2

4301072893　　**湖南增值税专用发票**　　№ 09236282

全国统一发票监制章 湖南 国家税务总局监制

抵　扣　联

开票日期：2014 年 7 月 28 日

购货单位	名　称：湖南华强汽车电器有限公司 纳税人识别号：431103748241898 地址、电话：湘潭九华经济开发区吉利东路 0731-52347888 开户行及账号：工行九华支行 19010110092259			密码区	2489－1<9－7－61596284 8<032/52>9/29533－4974 1626<8－3024>82906－2 －47－6<7>2*－/>*>6		加密版本 01 4301092372 09236174
货物或劳务名称	规格型号	单位	数量	单　价	金　额	税率	税　额
电费		度	55000 4000	0.4 0.5	22 000.00 2 000.00	17%	4 080.00
合　计					￥24 000.00		￥4 080.00
价税合计（大写）	**贰万捌仟零捌拾元整**				（小写）￥**28 080.00**		
销货单位	名　称：湘潭市电业局 纳税人识别号：420101031427336 地址、电话：湘潭市熙春路 28 号 0731-52338095 开户行及账号：工行雨湖支行 800043297809011			备注			

第二联　抵扣联　购货方抵扣凭证

湖南省湘潭市电业局 420101031427336 发票专用章

收款人：　　复　核：　　开票人：李麟祥　　销货单位：（章）

15-3

4301072893　　**湖南增值税专用发票**　　№ 09236282

全国统一发票监制章 湖南 国家税务总局监制

发　票　联

开票日期：2014 年 7 月 28 日

购货单位	名　称：湖南华强汽车电器有限公司 纳税人识别号：431103748241898 地址、电话：湘潭九华经济开发区吉利东路 0731-52347888 开户行及账号：工行九华支行 19010110092259			密码区	2489－1<9－7－61596284 8<032/52>9/29533－4974 1626<8－3024>82906－2 －47－6<7>2*－/>*>6		加密版本 01 4301092372 09236174
货物或劳务名称	规格型号	单位	数量	单　价	金　额	税率	税　额
电费		度	55000 4000	0.4 0.5	22 000.00 2 000.00	17%	4 080.00
合　计					￥24 000.00		￥4 080.00
价税合计（大写）	**贰万捌仟零捌拾元整**				（小写）￥**28 080.00**		
销货单位	名　称：湘潭市电业局 纳税人识别号：420101031427336 地址、电话：湘潭市熙春路 28 号 0731-52338095 开户行及账号：工行雨湖支行 800043297809011			备注			

第三联　发票联　购货方记账凭证

湖南省湘潭市电业局 420101031427336 发票专用章

收款人：　　复　核：　　开票人：李麟祥　　销货单位：（章）

15-4 电 费 分 配 表

2014年7月28日

部　门	用电度数	分配率	分配金额
生产车间	55 000	0.4	22 000.00
管理部门	4000	0.5	2 000.00
合　计	59 000	——	24 000.00

16-1 无形资产摊销计算表

2014年7月31日

资产名称	原始价值	摊销年限	月摊销额
专利权	600 000元	5年	
专利技术	100 000元	3年	
合　计	——	——	

三、评价标准

评价项目	分值	考核内容与评分标准	备　注
职业道德素养	10	保持工作环境整洁，会计书写规范，资料完整装袋	工作环境不整洁扣3分；会计书写不规范每处扣1分，装袋不完整每少一项扣1分
填制原始凭证	10	项目填制完整、正确；书写规范，金额准确	入库单5分，其余2.5分，漏填或错填、书写不规范、字迹不可辨每处扣1分
编制记账凭证	60	项目填写完整；书写规范；科目、方向、金额正确	每张凭证4分，错、漏每处扣1分
装订记账凭证	10	装订整齐，封面项目填写完整、正确	会计凭证装订5分；未装订扣5分，装订不整齐、松散、装订不完整扣2分；封面项目填写5分；封面未填写扣5分；填写不完整或填写错误每项扣1分，扣完为止
登记账簿	10	要素填写完整、余额方向、金额及结账方法正确	每发生一项错填或漏填扣1分，直至扣完规定分值
小计	100	—	—

四、训练所需器材

通用记账凭证17张，记账凭证封面、封底各1张，银行日记账1张；裁纸刀、胶水、大头针、计算器、装订机等。

训练题 18

一、训练项目与任务

（一）填制和审核会计凭证

(1) 根据所给企业 2014 年 6 月发生的经济业务，完善或填制相关的原始凭证，并代表相关责任人签章。

(2) 对所给企业 2014 年 6 月发生经济业务的原始凭证(或汇总原始凭证)进行审核，据以填制记账凭证，并代表所有相关责任人签章。其中："应收账款"、"应付账款"、"应付职工薪酬"、"其他应付款"、"应交税费"、"原材料"、"库存商品"、"生产成本" 科目要填写明细科目。

（二）编制会计报表

以会计主管身份编制企业 2014 年 6 月份的现金流量表(只填本期数)。

（三）整理装订会计档案

(1) 以制单员身份整理装订会计凭证并填写会计凭证封面，装订日期为 2014 年 7 月 3 日。

(2) 将未装订的会计凭证、报表等整理夹好，与装订好的记账凭证一并装于档案袋中上交。

二、训练有关资料

（一）企业基本情况

企业名称及法人代表	湖南湘虹服饰有限公司；曾清红
企业类型及主要业务	制造业；增值税小规模纳税人
经营地址及联系电话	湖南省湘潭县易俗河镇玉兰路 26 号，0731—55557563
开户银行及账号	华融湘江银行湘潭县支行，108873869568201
纳税人识别号	420157682455651
会计岗位及人员	主管(审核)：曹梦芸　制单(记账)：范 祎　出纳：肖晓琳
存货核算办法	按实际成本核算，发出存货按全月一次加权平均法计价

（二）2014 年 5 月 31 日各有关账户余额资料

总账科目	明细科目	计量单位	数量	单价	借方余额	贷方金额
库存现金					2326.00	
银行存款					627 405.00	
持有至到期投资	成 本				300 000.00	
应收票据	湘潭大洋百货				48 000.00	
应收账款	湘潭华隆商厦				36 000.00	
原材料					35 400.00	
	涤毛混纺布料	米	1 500	18.60	27 900.00	
	聚酯纤维布料	米	1 000	7.50	7500.00	
库存商品	女西服套装	套	2000	85.20	170 400.00	
应付账款	湘潭纺织印染厂					28 000.00
应付职工薪酬						224 599.00
	工 资					162 400.00
	社会保险					54 079.00
	住房公积金					8120.00
应交税费						1344.00
	未交增值税					1200.00
	应交城市维护建设税					84.00
	应交教育费附加					60.00

附注：① 持有至到期投资系 2011 年 6 月 10 日按面值购入的湘潭纺织印染股份有限公司债券，期限 3 年，年利率 8.4%，按年付息，一次还本；② 湘潭大洋百货的应收票据系不带息银行承兑汇票，到期日为 2014 年 7 月 8 日。

（三）2014 年 6 月部分经济业务的原始凭证

1-1

湖南省货物销售发票

发票联　经手人：刘晓红

除付款单位项目外手工填写无效　湘国税　发印字　(2014)第 020 号

发票代码：143000901120　　同意列管理费用

发票号码：12954604　　曾清红

机打号码：19653201

机器编号：006010021678

收款单位：湘潭红人文具用品批发部

税　号：430404196607604236

开票日期：2014-06-03　收款员：张 洁

付款单位：湖南湘虹服饰有限公司

项目	单位	数量	单价	金额
打印纸	包	200	15.00	3000.00

小写合计：¥3000.00

大写合计：叁仟元整

税控码：4257 7780 3304 4694 1041

湘潭红人文具用品批发部 发票专用章

1-2

华融湘江银行

现金支票存根(湘)

<u>DH</u> 0918897

附加信息________________

出票日期 *2014* 年 *06* 月 *03* 日

收款人：	刘晓红
金　额：	¥3000.00
用　途：	购打印纸

单位主管　　　　会计

2-1

中华人民共和国
税收通用缴款书

No 0000056321

经济类型：**私营有限**　　2014年6月5日　　收入机关：**湘潭县国税局**

缴款单位(人)	代码	420157682455651	预算科目	款	
	全称	**湖南湘虹服饰有限公司**		项	
	开户银行	**华融湘江银行湘潭县支行**		级次	
	账号	4301119870405687499	收款国库		**人民银行湘潭县支行国库**
税款所属时期：2014年05月01日至2014年05月31日			税款限缴日期：2014年6月15日		

品目名称	课税数量	计税金额或销售收入	税率或单位税额	已缴或扣除额	实缴税额 仟	百	拾	万	仟	百	拾	元	角	分
增值税		*40000.00*	*3 %*						*1*	*2*	*0*	*0*	*0*	*0*
金额合计	(大写)**壹仟贰佰元整**							¥	*1*	*2*	*0*	*0*	*0*	*0*

上列款项已收妥并划转收款单位账户

中国人民银行 湘潭县支行

国库(银行)盖章 2014年6月5日

2-2

中华人民共和国
税收通用缴款书

No 0000056321

经济类型：**私营有限**　　2014年6月5日　　收入机关：**湘潭县地税局**

缴款单位(人)	代码	420157682455651	预算科目	款	
	全称	**湖南湘虹服饰有限公司**		项	
	开户银行	**华融湘江银行湘潭县支行**		级次	
	账号	4301119870405687499	收款银行		**工商银行湘潭县支行**
税款所属时期：2014年5月1日至2014年5月31日			税款限缴日期：2014年6月15日		

品目名称	课税数量	计税金额或销售收入	税率或单位税额	已缴或扣除额	实缴税额 仟	百	拾	万	仟	百	拾	元	角	分
城市维护建设税		*1200.00*	*7 %*								*8*	*4*	*0*	*0*
教育费附加		*1200.00*	*3 %*								*3*	*6*	*0*	*0*
地方教育费附加		*1200.00*	*2 %*								*2*	*4*	*0*	*0*
金额合计	(大写)**壹佰肆拾肆元整**								¥	*1*	*4*	*4*	*0*	*0*

上列款项已收妥并划转收款单位账户

中国工商银行 湘潭县支行

国库(银行)盖章 2014年6月5日

3-1

湘虹服饰公司工资表

2014 年 6 月 8 日　　　　　　　　　　元

账号	姓 名	应发工资	代扣代缴款项		实发工资
			社会保险	住房公积金	
1001	刘红阳	5124.00	541.02	256.20	4326.78
1002	李啸鹏	2762.00	293.01	138.10	2330.89
1003	赵 青	2454.00	260.67	122.70	2070.63
1004	王 勇	2698.00	286.29	134.90	2276.81
…	…	…	…	…	…
合计		162 400.00	17 186.00	8 120.00	137 094.00

复 核：**曹梦芸**　　　　　　　　制 单：**范 祎**

3-2

中国工商银行
转账支票存根（湘）
ⅥⅡ01558407

附加信息：

出票日期：*2014* 年 *6* 月 *8* 日

收款人	本单位职工工资户
金　额	*¥137 094.00*
用　途	发工资
备　注	

主管：**曹梦芸**　会计：**肖晓琳**

复核：　　记账：

4-1

中国工商银行
转账支票存根（湘）
ⅥⅡ01558408

附加信息：

出票日期：*2014* 年 *6* 月 *9* 日

收款人	湘潭纺织印染厂
金　额	*¥28 000.00*
用　途	还欠款
备　注	

主管：**曹梦芸**　会计：**肖晓琳**

复核：　　记账：

5-1

湖南省湘潭市社会保险基金汇缴单(收据联)

2014年6月10日　　No 086733

缴款人	全　称	湖南湘虹服饰有限公司	收款人	全　称	湘潭县社保中心
	账　号	4301119870405687499		账　号	42133286500215681387
	开户银行	华融湘江银行湘潭县支行		开户银行	中国工商银行湘潭县支行

人民币(大写)：	千	百	十	万	千	百	十	元	角	分
柒万壹仟贰佰陆拾伍元整			¥	7	1	2	6	5	0	0

缴费项目	款项所属期	千	百	十	万	千	百	十	元	角	分	备　注
养老保险	2014年5月			¥	4	5	4	7	2	0	0	湘潭县劳动与社会保障局 社保中心
医疗保险				¥	1	8	4	8	5	0	0	
工伤保险					¥	1	6	2	4	0	0	
失业保险					¥	4	8	7	2	0	0	
生育保险						¥	8	1	2	0	0	

收款单位(盖章)：

5-2

中国工商银行

转账支票存根(湘)

ⅥⅡ01558408

附加信息：

出票日期：*2014*年*6*月*10*日

收款人	湘潭县社保中心
金　额	¥71 265.00
用　途	缴社保基金
备　注	

主管：曹梦芸　会计：肖晓琳

复核：　　记账：

6-1

湖南省湘潭市住房公积金汇缴单（收据联）

2014年6月10日　　　　No 066473

缴款人	全　称	湖南湘虹服饰有限公司	收款人	全　称	湘潭县住房公积金管理中心
	账　号	4301119870405687499		账　号	2302445012793628043
	开户银行	华融湘江银行湘潭县支行		开户银行	中国建设银行湘潭县支行

人民币（大写）：壹万陆仟贰佰肆拾元整	千	百	十	万	千	百	十	元	角	分
			¥	1	6	2	4	0	0	0

公积金所属时期	其　中	千	百	十	万	千	百	十	元	角	分	备　注
2014年5月	单位缴纳部分				¥	8	1	2	0	0	0	
	个人缴纳部分				¥	8	1	2	0	0	0	

收款单位（盖章）：湘潭县住房公积金管理中心

6-2

中国工商银行

转账支票存根（湘）

Ⅵ Ⅱ 01558409

附加信息：________________

____

____

出票日期：2014年6月10日

收款人	湘潭县住房公积金管理中心
金　额	¥16 240.00
用　途	缴5月份公积金
备　注	

主管：**曹梦芸**　会计：**肖晓琳**

复核：　　记账：

7-1

银行进账单（收账通知） 3 XV 79448102

2014年6月11日

收款人	全称	湖南湘虹服饰有限公司	付款人	全称	湘潭纺织印染股份有限公司
	账号	4301119870405687499		账号	4303021950091122647
	开户行	华融湘江银行湘潭县支行		开户行	工商银行湘潭岳塘支行
金额	金额（大写）	叁拾贰万伍仟贰佰元整		千百十万千百十元角分	¥32520000
票据种类	支票	票据张数	壹张		
票据号码	VI II 04258710			华融湘江银行 湘潭县支行 2014.06.11 转讫	
备注：债券还本付息	复核：	记账：		开户银行签章	

8-1

银行进账单（收账通知） 3 XV 79448102

2014年6月14日

收款人	全称	湖南湘虹服饰有限公司	付款人	全称	湘潭华隆商厦有限公司
	账号	4301119870405687499		账号	4303271957073225220
	开户行	华融湘江银行湘潭县支行		开户行	工商银行湘潭岳塘支行
金额	金额（大写）	叁万陆仟元整		千百十万千百十元角分	¥3600000
票据种类	支票	票据张数	壹张		
票据号码	VI II 04258710			华融湘江银行 湘潭县支行 2014.06.14 转讫	
备注：还欠款	复核：	记账：		开户银行签章	

9-1

4301072893

湖南增值税普通发票 № 09236282

全国统一发票监制章 湖南 国家税务总局监制

发票联

开票日期：2014年6月16日

购货单位	名称：湖南湘虹服饰有限公司 纳税人识别号：420157682455651 地址、电话：湘潭县易俗河镇玉兰路26号；0731—55557563 开户行及账号：华融湘江银行湘潭县支行 4301119870405687499			密码区	2489－1<9－7－615962848<032/52 >9/29533－49741626<8－3024> 82906－2－47－6<7>2*－/>*>6		
货物或劳务名称	规格型号	单位	数量	单价	金额	税率	税额
涤毛混纺布料		米	1000	15.80	15 800.00	17%	2 686.00
合计					¥15 800.00		¥2 686.00
价税合计(大写)	壹万捌仟肆佰捌拾陆元整				（小写）¥18 486.00		
销货单位	名称：湘潭纺织印染股份有限公司 纳税人识别号：420101031427336 地址、电话：湘潭市板塘铺韶山路28号 0731-52338094 开户行及账号：工行岳塘支行 4303021950091122647			备注			

湘潭纺织印染股份有限公司 420101031427336 发票专用章

收款人： 复核： 开票人：李兆祥 销货单位：（章）

第二联 发票联 购货方记账凭证

9-2

材料入库单

供应单位：湘潭纺织印染股份有限公司　　　　　　　　　　编号：*0616*

发票号码：*09236282*　　　　*2014* 年 *6* 月 *16* 日　　　　　　仓库：材料库

材料名称	规格型号	计量单位	数量		实际采购成本(元)				
			应收	实收	单价	金额	增值税	运杂费	小计
涤毛混纺布料		米	*1000*	*1000*					
合计									

会计：　　　采购：章涛　　复核：　　　　验收：邹宁　　　制单：

10-1

湖南省国家税务局通用机打发票

记账联

发票代码：111001071011

发票号码：07985510

开票日期：2014 年 6 月 19 日　　行业分类：工业　　　　机打号码：00283571

付款单位：湘潭华隆商厦有限公司

品名	规格	单位	数量	单价	金额
女西服套装	155-165	套	300	198.00	59400.00

大写合计：伍万玖仟肆佰元整　　　　小写合计：¥ 59400.00

第一联 记账联 销货单位记账

收款单位名称(盖章)：　　　　　　收款单位税号：420157682455651

税控码：0044 6904 3800 4412 7970　开票人：侯均　　发票密码：

10-2

银行进账单（收账通知） 3

XV 79448103

2014 年 6 月 19 日

收款人	全　称	湖南湘虹服饰有限公司	付款人	全　称	湘潭华隆商厦有限公司
	账　号	4301119870405687499		账　号	4303271957073225220
	开户行	华融湘江银行湘潭县支行		开户行	工商银行湘潭岳塘支行
金额	金　额（大写）	伍万玖仟肆佰元整		千百十万千百十元角分	¥ 5 9 4 0 0 0 0
票据种类	支　票	票据张数	壹张		
票据号码	VI II 04258728				
备注：购货款	复核：	记账：		开户银行签章	

华融湘江银行 湘潭县支行 2014.06.19 转 讫

11-1

4301073766　　**湖南增值税普通发票**　　№ 28310729

发 票 联

全国统一发票监制章 国家税务总局监制

开票日期：2014 年 6 月 25 日

购货单位	名　称：湘潭维佳服装厂 纳税人识别号：401357682963254 地址、电话：湘潭市韶山东路 32 号　0731-52542688 开户行及账号：工行雨湖支行 4300198504089291			密码区	2489－1<9－7－615962848<032/52 >9/29533－49741626<8－3024> 82906－2－47－6<7>2*－/>*>6		
货物或劳务名称	规格型号	单位	数量	单　价	金　额	税率	税　额
五线锁边机		台	3	3000	9 000.00	[illegible]	180.00
合　计					¥ 9 000.00		¥ 180.00
价税合计(大写)	玖仟壹佰捌拾元整				(小写) ¥ 9 180.00		
销货单位	名　称：湖南湘虹服饰有限公司 纳税人识别号：420157682455651 地址、电话：湘潭县易俗河镇玉兰路 26 号；0731—5555763 开户行及账号：华融湘江银行湘潭县支行 4301119870405687499			备注			

收款人：　　复　核：　　开票人：李兆祥　　销货单位：（章）

湘潭县国家税务局 发票代开章

第二联　发票联　购货方记账凭证

附注：所销售锁边机原值每台 4800 元，已提折旧每台 2000 元。

11-2

银行进账单（收账通知） 3

XV 79448103

2014 年 6 月 25 日

收款人	全　称	湖南湘虹服饰有限公司	付款人	全　称	湘潭维佳服装厂
	账　号	4301119870405687499		账　号	4300198504089291
	开户行	华融湘江银行湘潭县支行		开户行	工商银行湘潭雨湖支行
金额	金　额（大写）	玖仟壹佰捌拾元整		千百十万千百十元角分	¥ 9 1 8 0 0 0
票据种类	支　票	票据张数	壹张		
票据号码	VI II 06887532				
备注：购货款	复核：	记账：		开户银行签章	

华融湘江银行 湘潭县支行 2014.06.25 转 讫

12-1

委托收款凭证（付款通知） 5

No 03871483

委托日期：2014年6月28日

付款人	全　称	湖南湘虹服饰有限公司	收款人	全　称	湘潭市电业局
	账　号	*4301119870405687499*		账　号	*800043297809011*
	开户行	华融银行湘潭县支行		开户行	工商银行湘潭雨湖支行
托收金额	人民币（大写）柒仟陆佰零伍元整　　¥7 605.00				
托收款项内容	电　费	委托收款凭据	委托收款合同	附寄单证张数	1
备　注：		付款人注意：（1）应于见票当日通知开户银行划款。（2）如需拒付，应在规定期限内，将拒付理由书并附债务证明退交开户银行。			

此联付款人开户行通知付款人按时付款

（印章：华融湘江银行 湘潭县支行 2014.06.28 转讫）

单位主管：　　会计：　　复核：　　记账：　　付款人开户银行盖章：

12-2

4301072893

湖南增值税普通发票

No 09236282

（印章：全国统一发票监制章 湖南 国家税务总局监制）

发票联

开票日期：2014年6月28日

购货单位	名　称：湖南湘虹服饰有限公司 纳税人识别号：420157682455651 地址、电话：湘潭县易俗河镇玉兰路26号；0731—5555763 开户行及账号：华融湘江银行湘潭县支行 4301119870405687499			密码区	2489—1<9—7—61596284 8<032/52>9/29533—4974 1626<8—3024>82906—2 —47—6<7>2*—/>*>6		加密版本01 4301092372 09236174
货物或劳务名称	规格型号	单位	数量	单价	金额	税率	税额
电费		度	15000 1000	0.4 0.5	6000.00 500.00	17%	1 020.00 85.00
合　计					¥6500.00		¥1 105.00
价税合计（大写）	柒仟陆佰零伍元整				（小写）¥7605.00		
销货单位	名　称：湘潭市电业局 纳税人识别号：420101031427336 地址、电话：湘潭市熙春路28号 0731-52338095 开户行及账号：工行雨湖支行 800043297809011			备注			

第二联　抵扣联　购货方抵扣凭证

（印章：湖南省湘潭市电业局 420101031427336 发票专用章）

收款人：　　复　核：　　开票人：李麟祥　　销货单位：（章）

12-3

电费分配表

2014年7月28日

部　门	用电度数	分配率	分配金额
生产车间	15000		
管理部门	1000		
合　计	16000	——	

三、评价标准

评价项目	分值	考核内容与评分标准	备注
职业道德素养	10	保持工作环境整洁，会计书写规范，资料完整装袋	工作环境不整洁扣 3 分；会计书写不规范每处扣 1 分；装袋不完整每少一项扣 1 分
填制原始凭证	10	项目填制完整、正确；书写规范，金额准确	材料入库单和电费分配表各 5 分，漏填或错填、书写不规范、字迹不可辨每处扣 1 分
编制记账凭证	60	项目填写完整；书写规范；科目、方向、金额正确	每张凭证 5 分，错、漏每处扣 1 分
装订记账凭证	10	装订整齐，封面项目填写完整、正确	会计凭证装订 5 分；未装订扣 5 分，装订不整齐、松散、装订不完整扣 2 分；封面项目填写 5 分；封面未填写扣 5 分；填写不完整或填写错误每项扣 1 分，扣完为止
编制会计报表	10	要素填写完整、金额正确	每发生一项错填或漏填扣 1 分，直至扣完规定分值
小计	100		

四、训练所需材料

通用记账凭证 12 张，记账凭证封面、封底各 1 张，现金流量表 1 张；裁纸刀、胶水、大头针、计算器、装订机等。